Einfach entspannen

So fühlt sich das Leben leichter an

Dr. Dietmar Pfennighaus

Ein Wort zuvor 5

› EINFÜHRUNG

Ihr Weg in die Entspannung 7
Den Stress durchschauen 8
Die Leichtigkeit des Seins 9
Dem Stress möglichst fit begegnen 11
Stärkung des Körpergefühls 11
Stärkung der Genussfähigkeit 12
Stärkung positiver Bewertungen 13
BALSAM-Bausteine 16
B für Besinnung 17
A für Atmen 17
L für Lockern 19
S für Strecken 20
A für Aufschauen 21
M für Motiviert fortfahren 22
Gute Argumente pro BALSAM 24
Effektives Lernen 25
Die Ressourcen sehen 28
Das Ziel vor Augen 31
Ihr BALSAM-Fahrplan 31

› PRAXIS

Mit BALSAM in die Entspannung starten 35
Das Einstiegs-Set 36
Test: Wahrnehmungsschwerpunkt 37
Ihr BALSAM-Prototyp 38
Baustein-Überblick 43
Test: Entspannungsfixpunkte erkennen 44
Entspannungsfixpunkte 47
In aller Frische aufwachen 48
Nach dem Aufstehen 50
Auf dem Weg zur Arbeit 52
Längere Arbeitsphasen 54
Schwierige Aufgaben 56
Kurz vor Feierabend 58
Über-Gänge 60
In einer Schlange warten 62
Erzwungene Pausen akzeptieren 64
Mittagspause 66
Teilerfolge feiern 68
Der Weg nach Hause 70

INHALT

Feierabend	72
Vor dem Zubettgehen	74
Schöne Träume	76

Wenn es stressig wird 79

Ihr persönlicher Entspannungspool 80

Die sieben BALSAM-Genussregeln	81
Müdigkeit am ganzen Leib	82
Für einen kühlen Kopf	84
Nackenverspannungen lösen	86
Erste Hilfe bei gestressten Augen	88
Müde vom vielen Reden	90
Erfrischung beim langen Zuhören	92
Stärkung für den Rücken	94
Bei müden Beinen	96

Stressfallen erkennen und entschärfen 98

Heraus aus dem Sorgenstrudel	99
Denkblockaden auflösen	100
Misserfolge meistern	102
Forderungen und Rollenerwartungen	104
Mit Unterbrechungen klarkommen	106
Einen Stau gelassen hinnehmen	108
Wenn die Zeit drückt …	110
In Konflikte versunken	112
Mürrische Zeitgenossen verkraften	114
Wenn das Feedback fehlt	116
Die Sorgenlawine am Morgen	118
Feierabend: endlich abschalten	120
Sanft ins Reich der Träume	122

› SERVICE

Zum Nachschlagen 124

Bücher und Adressen, die weiterhelfen	124
Register	125
Impressum	126

Das Wichtigste auf einen Blick 128

DER AUTOR

Dr. Dietmar Pfennighaus (verheiratet, 5 Pflegekinder) ist Diplom-Pädagoge, Diplom-Supervisor und Theologe. Er forscht seit vielen Jahren in den Bereichen Stressbewältigung und Burnout und entwickelte dabei ein neues Entspannungsprogramm, das an die bekanntesten Verfahren anknüpft und sich inzwischen in zahlreichen Seminaren bewährt hat. Seit der Gründung 1998 leitet er das IBOA-Institut (Initiative Brennen ohne auszubrennen).

Ein Wort zuvor

Wie es Ihnen geht, frage ich Sie. »Gut«, antworten Sie erst einmal ganz knapp. Als ich es dann doch genauer wissen will, erzählen Sie von Ihrem Alltag, den für Sie wichtigen Menschen und was Sie sonst noch so interessiert. Dabei schleicht sich an irgendeiner Stelle das Wort »Stress« ein. Das muss aber nicht zwingend bedeuten, dass es Ihnen schlecht geht. Nur wünschen Sie sich manchmal noch etwas mehr Ausgeglichenheit und Spielraum und dafür weniger Frust und Konflikte, eben einfach ein entspannteres Lebensgefühl. Dass das nicht von selbst geschieht, wissen Sie, und genau deshalb können Sie eine konkrete Hilfestellung gut gebrauchen – einen Balsam für Körper und Seele, der seine wohltuende Wirkung wie von selbst entfaltet.
Wie sieht ein optimales Entspannungsprogramm aus? Auf jeden Fall sollte man es leicht erlernen und ohne großen (zeitlichen) Aufwand anwenden können. Sonst besteht die Gefahr, dass die Entspannung im täglichen Berg dringender Erledigungen untergeht.
Und eben hier liegt der Vorteil der BALSAM-Methode. An den positiven Erfahrungen bewährter Verfahren anknüpfend habe ich ein neues, stark vereinfachtes Konzept entwickelt, mit welchem Sie der Entspannung ohne großen Zeitaufwand einen festen Platz in Ihrem Alltag geben können.
Ich gebe Ihnen in diesem Buch zunächst einen Überblick darüber, wie der Weg zu einem entspannten Lebensstil aussehen kann. Im Praxisteil finden Sie eine Sammlung von Entspannungsideen für 35 unterschiedliche Alltagssituationen. Am besten probieren Sie aus, was Sie persönlich am meisten anspricht. Oder Sie setzen Schritt für Schritt den konkreten Entspannungsfahrplan um, mit dessen Hilfe Sie auf jeden Fall die gewünschte Ausgeglichenheit erreichen.
Dass auch Sie nichts davon abhält, (noch) entspannter und damit erfolgreicher durchs Leben zu gehen, wünsche ich Ihnen herzlich.

Dr. Dietmar Pfennighaus

BALSAM

Ihr Weg in die Entspannung

Wer geht nicht gern mit voller Power an neue Unternehmungen heran? Doch leider hält der Elan meist nur so lange an, wie wir die Situation beherrschen und uns nicht irgendwelchen negativen Umständen oder Personen ausgeliefert fühlen. Werden Sie mit der BALSAM-Methode aktiv: indem Sie dem Stress ausgeglichener begegnen und mit BALSAM Ihr Leben positiv verändern.

Den Stress durchschauen

Stress ist keine Erfindung der Neuzeit. Er gehört seit jeher zum Leben und ist besser als sein Ruf. Dabei unterscheidet man zwei Arten von Stress: Den so genannten Eustress – darunter versteht man positiven Stress – erfahren wir als so anregend, dass wir dabei ein Glücksgefühl verspüren. In solchen Momenten genießen wir die Anspannung in uns ganz bewusst, etwa wenn wir Sport treiben oder Sexualität erleben.
Wissenschaftler, die das Glücklichsein erforschen, prägten den Begriff Flow (engl.: Dahinfließen). Sie verstehen darunter eine intensive Erfahrung, die von Eustress begleitet wird: Wir vertiefen uns so sehr in eine Tätigkeit, dass wir den Lauf der Zeit und alles, was uns ablenken könnte, vergessen. Diesen angenehmen Zustand erleben wir auch während der Arbeit – wenn wir etwas mit Begeisterung tun, uns kompetent fühlen und unser Ziel problemlos erreichen.

Die Leichtigkeit des Seins

Solche Flow-Erfahrungen sind aber keineswegs eine Erfindung von Erwachsenen – ins Spiel vertiefte Kinder sind Experten darin! Kein Wunder also, dass wir die schwierigsten Aufgaben am besten bewältigen, wenn wir sie mit einer spielerischen Leichtigkeit anpacken. Dann können wir alles: erfolgreich, gestärkt und glücklich sein. Wichtig ist dabei, dass wir als ganze Persönlichkeit und mit möglichst vielen Sinnen in unserer Tätigkeit aufgehen. Wenn das Tun selbst schon eine runde Sache ist, die Spaß macht, stellt sich das positive Ergebnis oft wie von selbst ein.

Und dann ist plötzlich alles anders

Doch plötzlich ist Schluss mit lustig. Die Arbeit wird zur Mühsal, aus dem Fließen wird ein mühevolles Stolpern. Woher kann dieser plötzliche Umschwung kommen? Erkenntnisse aus der Forschung über Flow und Stress haben ergeben, dass diese Kehrtwendung vor allem dann eintritt, wenn …

> … wir von Sorgen geplagt werden, eine Aufgabe nicht zu bewältigen;
> … wir ständig gestört und abgelenkt werden;
> … das Ziel oder der Lösungsweg unklar ist;
> … wir unter Zeitdruck geraten;
> … ein Konflikt auftritt, der uns ärgert und persönlich angreift;
> … sich durch Misserfolge Frust einstellt;
> … wir nicht mehr wissen, ob die Bemühungen bei anderen ankommen;
> … wir wegen eines ungelösten Problems nicht mehr zur Ruhe kommen.

DISSTRESS IN EUSTRESS UMWANDELN

Stress ist nicht unbedingt negativ – wir empfinden ihn nur so, wenn wir uns überlastet und erschöpft fühlen. Wenn wir allerdings unsere Perspektive verändern und damit die Gegebenheiten gelassener und ausgeglichener angehen, können uns die Stressoren nicht mehr so viel anhaben. So können auch aus sehr schwierigen Aufgaben Herausforderungen werden, aus denen wir gestärkt hervorgehen.

Wie der Stress zum Disstress wurde

Das ursprünglich wertneutrale Wort »Stress« (= erhöhte Beanspruchung) hat heute in der Umgangssprache einen negativen Beigeschmack. Aussagen wie »Stress beherrscht unser Leben« zielen nur auf den negativen »Disstress« ab und tragen so ihren Teil dazu bei, dass das Wort »Stress« in den letzten Jahrzehnten seine neutrale Bedeutung (die ursprünglich ja auch den positiven Stress beinhaltet) verloren hat. Doch wie ist es dazu gekommen?
In der heutigen Zeit wird Stress unter anderem dadurch verursacht, dass viele Dinge immer schneller und komplexer ablaufen sollen. Das bedeutet für uns, dass wir unsere Leistung permanent steigern müssen. Dadurch haben wir das Gefühl, bestimmte Abläufe unseres Lebens nicht mehr wirklich im Griff zu haben. Und es kommen Zweifel: Werden wir das alles noch schaffen, wenn es einmal eng wird? Auf Wachstum und Beschleunigung programmiert, drücken wir das Gaspedal unseres Lebens immer weiter durch. Dabei stoßen wir bald unweigerlich auf das Bodenblech – unsere (rein biologische) Leistungsgrenze.

Folgen für die Gesundheit ...

Die langfristigen Risiken und Nebenwirkungen unseres rasanten Lebensstils kennen wir noch nicht in vollem Umfang, da ihn keine Generation vor uns »getestet« hat. Doch die Anzeichen sind allzu deutlich: Nach einer US-amerikanischen Studie haben 75 bis 90 Prozent aller Arztbesuche mit Beschwerden zu tun, die in irgendeiner Weise mit Stress zusammenhängen, womit die Auswirkungen von Stress in unserer hoch zivilisierten Welt wohl zum Gesundheitsproblem Nr. 1 geworden sind.

... und das Lebensglück

Zudem nehmen die Klagen der Menschen zu, die sich einem ungeheuren Leistungsdruck ausgesetzt fühlen. Ihnen macht die Arbeit immer weniger Spaß, und allmählich geht der Dauerstress so sehr an die Substanz, dass schließlich auch die Freude am Leben verloren geht. Wenn der Druck schließlich noch weiter steigt, bleiben zwei Möglichkeiten: Entweder wir riskieren, dass es uns zunehmend schlechter geht. Oder wir lernen mit dem Stress besser umzugehen.

Stärkung des Körpergefühls

Dem Stress möglichst fit begegnen

In Stresssituationen erleben wir die Anforderungen an uns als so hoch, dass sie unsere Anpassungsfähigkeit als Mensch übersteigen. Natürlich besteht immer auch die Möglichkeit, die an sich selbst gestellten Erwartungen zurückzuschrauben. Doch oft genug ist das nicht möglich, weil wir in unseren Ansprüchen an uns selbst nicht bescheidener werden können – einmal ganz abgesehen von denen unserer Mitmenschen. So bleibt nichts anderes übrig, als die eigene Anpassungsfähigkeit zu verbessern, um mit den gestellten Aufgaben zurechtzukommen. Doch können wir das aktiv beeinflussen?

Grunderfahrung 1: Stärkung des Körpergefühls

Ein behütetes Baby ist ganz »bei sich«, es fühlt sich in sich selbst zu Hause. Was haben wir mit dem Erwachsensein verlernt, dass es uns oft so schwer fällt, uns in unserer Haut wohl zu fühlen?

DIE TAGESFORM ENTSCHEIDET

Wenn Sie sich selbst beobachten, werden Sie schnell feststellen, dass man mit Stress nicht jeden Tag gleich umgeht.
Wer körperlich fit ist, wird mit Konflikten bedeutend leichter fertig. Ihre Tagesform entscheidet darüber, ob eine Anforderung zum Stressor wird, der körperliche Beschwerden bereitet, oder ob Sie spielend damit fertig werden. Solche Schwankungen gehören zum Leben, und es wäre geradezu übermenschlich, jeden Tag topfit zu sein. Dennoch ist es möglich, mit gezieltem Training unempfindlicher gegenüber Stressfaktoren zu werden.

TIPP

Nehmen wir einen der Gründe unter die Lupe: Tagtäglich werden wir von einem Meer von Bildern, Tönen und Reizen überschwemmt. Kein Wunder, dass in dieser Fülle die feineren Reize, durch die wir ohne besonderen Aufwand unseren Körper wohltuend spüren könnten, dabei leicht untergehen. Je höher die Reizüberflutung ist, umso größer wird der Mangel an positiven Körperwahrnehmungen und umso leichter breitet sich das dumpfe Gefühl aus, als Mensch letztlich leer auszugehen.

Reizüberflutung – der falsche Weg

In der Folge wird einiges in Bewegung gesetzt, um dieses Defizit auszugleichen. Um sich vielleicht doch noch spüren zu können, sind immer stärkere Reize gefragt. Die Bandbreite kann von einem Bad in der Menge über exzessiven Medienkonsum bis hin zu ekstatischen ultimativen Kicks reichen. All dies erfordert viel – und meist stressreichen – Aufwand. Glücklicherweise gibt es auch einfachere Varianten, um sich wieder einmal selbst zu spüren, ohne dabei schon wieder etwas leisten zu müssen. Sehr beliebt ist da etwa der Gang in die Sauna, was ab und zu sicher sehr sinnvoll ist, aber eben nicht jeden Tag. Wirklich abzudecken ist unser Bedürfnis nach einem guten Körpergefühl nur dadurch, dass wir – auch mitten im Alltag – immer wieder zu uns kommen und uns wohltuend spüren. Das kann man leicht erlernen und dann jeden Tag ein bisschen mehr davon profitieren. Der Erfolg ist stets sofort spürbar: Das belastende Gefühl, nur noch zu funktionieren und »gelebt zu werden«, verschwindet. In wenigen Wochen und Monaten bekommen wir mehr Sicherheit, weil wir unseren Körper (und seine Ressourcen) wieder mehr spüren lernen und uns dadurch erfrischt fühlen.

Grunderfahrung 2: Stärkung der Genussfähigkeit

Neben einem verfeinerten Körpergefühl gibt es noch eine zweite Kraftquelle, die wieder stärker aktiviert werden kann: unsere Genussfähigkeit. Wenn man den Menschen mit einer Stadt vergleicht, die von einer undurchdringlichen Mauer umgeben ist, entsprechen seine Sinnesorgane in diesem Bild fünf Toren, über die der Mensch mit seiner Außenwelt in Verbindung treten kann.

Vor diesen Toren wartet eine Vielzahl von Reizen, die alle versuchen, in unsere Aufmerksamkeit vorzudringen. Die Zahl der sich drängelnden Reize ist viele Millionen mal höher, als die Zahl derer, die es letztlich schaffen, in unser Bewusstsein vorzudringen. Wie in einer gut bewachten Stadt geht es ununterbrochen um die Frage, wer hereindarf und wer nicht.
Der Großteil unserer Aufmerksamkeits-Kapazitäten ist für unsere unmittelbaren Aufgabenstellungen reserviert. Das bedeutet, dass wir, wenn vieles und vor allem Schwieriges zu bewältigen ist, die Welt nur noch so sehen, als gäbe es darin ausschließlich Probleme und ungelöste Aufgaben. Gerade dann ist es für unsere Ausgeglichenheit besonders wichtig, sich für Reize zu öffnen, die in keinem Zusammenhang mit diesen Anforderungen stehen.
Die Übungen dafür sind denkbar einfach. Lernen Sie, Sinneswahrnehmungen, die Ihnen einen kleinen, feinen Genuss bereiten können, mehr Beachtung zu schenken. Stärken Sie sich, wenn Ihnen eigentlich nur wenig unverplante Zeit zur Verfügung steht, und reduzieren Sie dadurch Ihre Anspannung.

› Entspannungsinseln im Alltag – wenig Zeitaufwand bei maximaler Erholung.

Grunderfahrung 3: Stärkung positiver Bewertungen

Seit einigen Jahrzehnten weisen Mediziner und Psychologen immer wieder darauf hin, wie wichtig es für Gesundheit und Lebensglück ist, sich für das Positive zu öffnen. So wurde in verschiedenen Studien nachgewiesen, dass negativ orientierte Menschen schlechter mit Stress fertig werden und eher ausbrennen als solche, die in realistischem Rahmen positiv denken. Kurz: Wer an einer Sache vorwiegend das Unerreichte, das persönliche Versagen und die Gefahren für sich sieht, wird viel schneller frustriert sein. Unter »realistischem Rahmen« ist dabei natürlich kein blinder Optimismus zu verstehen, sondern vielmehr eine objektive Wahrnehmung der Wirklichkeit.

Neue Frische für Ihr Denken und Fühlen

Ist Ihnen bewusst, dass die meisten unserer Stressprobleme hausgemacht sind, da es vor allem unsere eigenen Gedanken und Gefühle sind, die uns stressen? Besonders einleuchtend zeigen das zum Beispiel folgende Situationen:
Jemand rempelt Sie aus Versehen an. Daraus ergibt sich ein unmittelbarer Effekt, der ausschließlich von physikalischen Gegebenheiten wie der Intensität des Rempelns, der Gewichtsklasse des anderen und ähnlichen Faktoren abhängt: Sie stolpern. Auf diese Reaktion haben Sie keinen Einfluss.
Wenn Sie aber beispielsweise jemand kritisiert, ist offen, ob Sie das locker nehmen können. Vielleicht sind Sie dankbar für die konstruktive Kritik. Damit gehen Sie entspannt mit der Situation um, da Sie sich keinen Stress machen. Oft sieht die Reaktion aber so aus, dass Sie sich über die Kritik ärgern und in der Folge deprimiert sind, da Ihr Engagement scheinbar nicht bei den richtigen Leuten ankommt oder falsch verstanden wird. Die Folge: Sie sind gestresst.

Zwei Seiten einer Medaille

Das heißt, dass sich aus ein und derselben Situation völlig unterschiedliche Konsequenzen ableiten lassen, sobald Emotionen ins Spiel kommen.
Doch woran entscheidet es sich, wie wir reagieren? Die Verantwortliche ist schnell ausgemacht: Es ist unsere ganz persönliche Bewertung des Geschehens. Aufgrund vieler Untersuchungen lassen sich die Bewertungen von Stressfaktoren so gut wie immer einer der folgenden drei Kategorien zuordnen:

> Kategorie 1: Ich gehe davon aus, dass ein irreparabler Schaden eingetreten ist.
> Kategorie 2: Ich sehe mich einer Bedrohung gegenüber.
> Kategorie 3: Ich erlebe die schwierige Situation als Herausforderung.

Eine Entlassung – drei Reaktionen

Hier ein Beispiel, in welchem die Reaktionen dreier Mitarbeiter jeweils einer der drei obigen Kategorien zugeordnet werden können. Drei Buchhalter eines Unternehmens haben ihren Arbeitsplatz verloren. Der eine zerfließt in Selbstmitleid und resigniert, weil er meint, nie wieder einen Job zu bekommen. Er sieht sich seiner Existenzgrundlage beraubt (Kategorie 1). Für ihn stehen auf-

Stärkung positiver Bewertungen

grund seiner Einstellung die Chancen tatsächlich schlecht, wieder eine gute Arbeitsstelle zu finden. Der Zweite fühlt sich zwar auch von Existenzängsten bedroht, ist aber nicht so gelähmt wie der Erste und bemüht sich um einen neuen Job (Kategorie 2). Dabei wird er jede Menge Glück brauchen. Nur der Kollege, der dem Bewertungsmuster der 3. Kategorie folgt, verfügt über alle Kapazitäten, damit es gut weitergeht. Er kann ungeahnte Kräfte anzapfen und sein Schicksal in die Hand nehmen, woraus sich neue Möglichkeiten ergeben.

Hausgemachter Stress

Das bedeutet: Wenn wir auf ein unvorhergesehenes Ereignis mit Sorge und Angst reagieren, sind wir es, die von einer lähmenden Aktivität befallen werden, denn wir machen uns Sorgen. Das ist eine gute Nachricht! Schließlich haben wir auf die Vorgänge in unserem Kopf in der Regel einen größeren Einfluss als auf äußere Umstände oder Personen. Dementsprechend kann es den Idealfall tatsächlich geben: Wenn wir zu Bewertungen finden, die von Gelassenheit und einer ausgeglichenen Wahrnehmung bestimmt sind, kann uns noch der größte Stress ein überlegenes Lächeln ins Gesicht zaubern – denn schließlich wissen wir es besser!

Hierbei ist vor allem wichtig, das innere Selbstgespräch mit Feststellungen zu versorgen, die weder einseitig (negativ) sind noch uns blockieren. Das kann gelingen, wenn stärkende Bewertungen die Oberhand gewinnen und das Durchkauen des kräftezehrenden »Ja, aber ...« langsam, aber sicher verschwindet.

AUF DEM RICHTIGEN WEG

Wenn unser Geist und unser Körper die Umwelt entspannt und ausgeglichen wahrnehmen, meistern wir auch stressige Situationen sicher und gelassen.
Ein positiver Feedback-Effekt: Es verstärken sich nicht nur das wohltuende Spüren des eigenen Körpers und eine genussvolle Wahrnehmung von Außenreizen gegenseitig, sondern solche Erfahrungen führen auch dazu, dass viele Situationen positiver bewertet werden. Kommen dann noch ausgeglichenere Bewertungsmuster dazu, steht der Entspannung Tür und Tor offen. Ab jetzt ist der Weg für Sie frei, Spaß daran zu haben, sich selbst wahrzunehmen und auch Kleinigkeiten zu genießen!

TIPP

BALSAM-Bausteine

Die BALSAM-Methode wurde für all diejenigen entwickelt, die raus wollen aus der täglichen Stress-Tretmühle – ohne großen (zeitlichen) Aufwand, ohne besondere Ausrüstung und ohne Druck. Damit Sie sich immer in den Übungsabläufen zurechtfinden, begleitet Sie das Wort »BALSAM« durch alle Übungen. Dabei stehen die Buchstaben B-A-L-S-A-M stellvertretend für die einzelnen Entspannungsbausteine:

Besinnung — Atmen — Lockern — Strecken — Aufschauen — Motiviert fortfahren

B für Besinnung – kurz innehalten

Wer aus tiefem Schlaf erwacht, muss erst einmal zu sich kommen, indem er sich an Vertrautem orientiert. Dieses Auftauchen aus einer gewissen »Bewusstlosigkeit« kann aber auch an anderen Punkten des Tagesablaufs durchaus sinnvoll sein. Besonders nötig ist es dann, wenn wir aufgrund zu vieler Verpflichtungen den Eindruck haben, nur noch fremdgesteuert zu funktionieren, oder uns gar wie ein Roboter fühlen, der ständig unter Strom steht.
Doch auch an entspannten Tagen hilft ein kurzes Innehalten, noch aufgeweckter und ausgeglichener zu sein. Dies erreichen wir, indem wir zu uns kommen und dabei unsere Sinne auf etwas Stärkendes richten – uns also be-sinnen.

Entspannungsnischen erkennen und zelebrieren

Mit diesem ersten BALSAM-Element öffnen wir uns den Möglichkeiten, die eine Entspannungsnische uns bieten kann. Oft reicht schon ein kurzer Satz oder eine Wortverbindung aus, um die Aufmerksamkeit für einige Momente von den Leistungsanforderungen wegzunehmen und so die Anspannung auszubalancieren. Man erteilt sich quasi selbst die Erlaubnis zum Innehalten. Solange die BALSAM-Entspannung noch nicht zur Gewohnheit geworden ist, kann ein kleines Ritual zum Einstieg besonders nützlich sein. Die Möglichkeiten sind vielfältig und ganz von persönlichen Vorlieben abhängig: Trinken Sie einen Schluck Wasser, betrachten Sie ein schönes Bild, reiben Sie Ihre Hände aneinander, schnipsen Sie mit den Fingern oder machen Sie eine andere kleine Geste. Im Laufe der Zeit wird diese Geste Sie im Tagesablauf daran erinnern, auch ganz kleine Pausen für das Auftanken neuer Kräfte zu nutzen.

A für Atmen – die Schwingungen spüren

Der Atem bewegt unseren Körper ununterbrochen, das Auf und Ab des Atems ist der Vorgang in unserem Körper, den wir am deutlichsten spüren und am leichtesten willentlich beeinflussen können.
Und dem Atmen kommt für die Entspannung eine Schlüsselfunktion zu. Sobald wir hektisch werden, atmen wir schneller, weniger tief und angespannter. Im Extremfall sprechen wir sogar davon, dass uns der Stress »atemlos« macht.

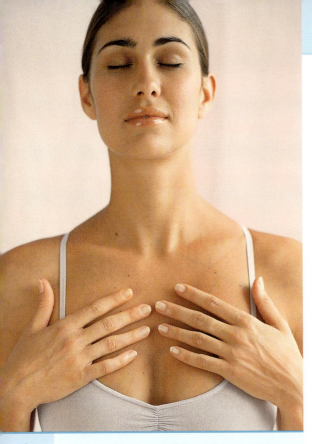

Sauerstoff = Powerstoff! Wer tief atmet, wird mit Glückshormonen überflutet.

Wird der Atem dagegen ruhiger, finden wir zu mehr Ausgeglichenheit. Dementsprechend führt der einfachste und schnellste Weg, um in belastenden Stresssituationen Druck abzubauen, über den eigenen Atem. Durch ihn können wir stets zu uns kommen und vorhandenen Stress einfach im wahrsten Sinne des Wortes in Luft auflösen.

Tiefes Atmen macht glücklich

Ist es schließlich gelungen, den Atem durch unsere Aufmerksamkeit zu beruhigen, wird vermehrt das Glückshormon Endorphin ausgeschüttet. Die tiefere Atmung erreicht den unteren Bauchraum. Dort liegt auch ein besonders dichtes Nervennetz, das Solarplexus oder Sonnengeflecht genannt wird. Wenn beim ruhigen Atmen der Atem den Solarplexus erreicht, werden die Nervenbahnen des parasympathischen Systems positiv stimuliert, das für unsere Entspannung zuständig ist. Dadurch werden Spannungen und Unruhe leichter überwunden.

Den Atem bewusst trainieren

Wer mithilfe des Atems entspannen möchte, kann ihn durch bestimmte Übungen stimulieren oder sich darin trainieren, ihn bewusst wahrzunehmen und sich ihm anzuvertrauen. Bei den hier gezeigten Übungen geht es vor allem darum, sich über den Atem einer entspannten Grundhaltung anzunähern.
Wie die Schwingungen der »Atemwelle« unseren Körper durchlaufen, können wir in den Atemorganen und nahe gelegenen Körperregionen deutlich spüren.

L für Lockern

In anderen Teilen des Körpers können wir die Atembewegung erst wahrnehmen, wenn wir unsere Wahrnehmungsfähigkeit dafür – am besten unter fachlicher Anleitung – geschult haben. Im Rahmen der BALSAM-Entspannung stellen wir uns vor, dass der Atem auch in diese Regionen gelangt.

L für Lockern – Entspannung erspüren

Leider spüren wir viele Körperteile oder Muskeln unseres Körpers vor allem dann bewusst, wenn sie schmerzen oder nicht reibungslos funktionieren. Der Arzt Edmund Jacobson entdeckte im Jahr 1934, dass Entspannung dann besonders gut zu spüren ist, wenn die entsprechenden Muskelpartien vorher gezielt angespannt wurden. Die von ihm entwickelte Progressive Muskelentspannung ist heute sehr populär, da sie besonders leicht erlernbar ist. Natürlich kann mit einer Kurzentspannung wie BALSAM nicht das gleiche Ergebnis erzielt werden wie mit einem täglichen (etwa halbstündigen) Ganzkörpertraining mit der Progressiven Muskelentspannung. Dennoch ist das Lockern und Loslassen bereits dann sehr wirkungsvoll, wenn einzelne Muskelpartien in dieses Wechselspiel von Anspannung und Entspannung gebracht werden. Das abrupte Nachlassen der Spannung wird als wohltuend erlebt, wobei wir uns vorstellen, dass die Spannung aus unserem Körper herausfließt und wir nun erleichtert und locker mit der Entspannung fortfahren können.

DIE PROGRESSIVE MUSKELENTSPANNUNG WIRKT AUF VERSCHIEDENEN EBENEN

> **Körperlich:** Jede Wahrnehmung ist so intensiv wie der auslösende Kontrast. So verspüren wir die wohlige Wärme eines Raumes umso stärker, je größer die Kälte ist, aus der wir kommen. Dieses Prinzip gilt auch für die Muskelentspannung. Je stärker die Anspannung, umso intensiver die Entspannung der Muskeln. Ideal: Bisher unterforderte Muskelgruppen können damit aktiviert werden.

> **Mental:** Es tut unserer Seele gut nachzuspüren, wie wir etwas loslassen, was wir bislang – möglicherweise zu verkrampft – festgehalten haben.

BALSAM-BAUSTEINE

S für Strecken – sich lang machen

Eine natürliche Reaktion auf Verspannungen ist das behagliche Strecken. Vor allem morgens beim Aufstehen dehnen und recken wir uns instinktiv, um unsere Muskeln und Gelenke wieder flexibel und geschmeidig zu machen. Eine sehr bekannte, inzwischen aber auch teilweise umstrittene Dehntechnik ist das Stretching. Doch ganz gleich wofür Sie sich entscheiden, wichtig ist, dass Sie nicht nur blindlings ein Programm abarbeiten, sondern zu erspüren versuchen, was der Körper jetzt gerade braucht.

Unser Dehninstinkt ging verloren

Wenn wir uns ausreichend bewegen und die Muskeln locker sind, erfolgen die kurzen Dehnungen, die wir für unsere Ausgeglichenheit benötigen, ganz von selbst. Da wir im Laufe eines Tages jedoch meist viel sitzen und dadurch verspannt sind, läuft das Dehnprogramm nicht automatisch ab, denn dieser Instinkt ist uns verloren gegangen. Bevor ein Hund oder eine Katze sich erheben, dehnen sie sich, und umso länger sie gelegen haben, umso intensiver tun sie das. Und was tun wir nach längerem Sitzen? Wir stehen meistens einfach hastig auf.

In sich hineinhören ist angesagt! Ihr Körper sagt Ihnen, was er mag und was nicht.

Lernen, in sich hineinzuhören

Überlegen Sie: Welche Körperregionen dehnen Sie, wenn Sie nach dem Schlafen oder nach längerem Sitzen aufstehen? Geben Sie diesen Regungen mehr Raum und lassen Sie sich ganz von den Bedürfnissen Ihres

DIE SIGNALE DES KÖRPERS VERSTEHEN

Ihr Körper sagt Ihnen genau, was Ihnen gut tut, wie stark und wie lange Sie in eine Dehnung gehen können. Allerdings sollte eine Dehnung nie länger als fünf Sekunden andauern. Gehen Sie bei der Dehnung immer nur so weit, wie Sie es als wohltuend empfinden und keinerlei Schmerzen auftreten. Vergessen Sie Ihre Leistungsansprüche, hören Sie auf Ihren Körper. Setzen Sie niemals Wippen oder Nachfedern zur Verstärkung der Streckung ein. Denken Sie immer daran, dass die Dehnung Ihnen keine Schmerzen verursachen darf, sondern Sie der Dehnung genüsslich nachspüren sollen – nur dann setzt der Entspannungseffekt ein. Nur so können Sie verfolgen, wie sich das wohlige Gefühl der Dehnung im gesamten Körper ausbreitet.

Körpers leiten. Wiederholen Sie im Tagesablauf diese spontanen Dehnungen immer wieder. Bauen Sie das Dehnen ganz spielerisch und locker in die Bewegungsabläufe Ihres Tages ein.
Wenn das Dehnen zu einem natürlichen und selbstverständlichen Bestandteil Ihres Tagesablaufs wird, geschieht es immer natürlicher, spontaner und ohne dass Sie darüber nachdenken müssen, ob es richtig oder falsch ist. Wenn Sie parallel dazu durch BALSAM zu einem sicheren Körpergefühl gelangen, verspüren Sie gleichzeitig auch deutlicher, welche Körperpartie gerade jetzt ein wenig gestreckt werden möchte.
Alternativ zum Dehnen kann bei diesem BALSAM-Baustein aber auch mit der Hand über eine bestimmte Körperpartie gestrichen werden. Wenn es sich gut anfühlt, können Sie den Druck etwas verstärken, sodass Sie in eine kleine Eigenmassage übergehen. Dabei stellen Sie sich vor, wie sich Ruhe und Gelassenheit in Ihrem Körper entfalten und ausbreiten können.

A für Aufschauen – im Alltag genießen

Geraten wir durch eine scheinbar unlösbare Aufgabe unter Druck, versuchen wir uns zu entlasten und etwas Abstand zu gewinnen. Ob das gelingt, ist nicht allein davon abhängig, wie bedrückend das Problem ist. Es spielt in diesem Fall vor allem unsere Genussfähigkeit eine Rolle: Inwieweit können wir die Möglichkeiten, die sich uns bieten, zum Genießen nutzen und damit Stress und Ängste abbauen?

BALSAM-BAUSTEINE

Genuss statt Angst

Wer sein Leben durch Genusserfahrungen kreativ bereichert, kann schon nach kurzer Zeit seinen Körper wieder spüren, wodurch er nachhaltig erfrischt wird und dabei noch sein Selbstwertgefühl und seine Lebensfreude stärkt. Hinzu kommt, dass Genuss auch Ängste lösen kann. Wenn es also gelingt, die Genusserfahrung zu verdichten, ist der Angst der Nährboden entzogen.
Die BALSAM-Methode macht sich diese Tatsache zunutze. Bereits vorhandene, unscheinbare Reize werden stärker genutzt. Dabei wird deutlich, dass Genuss so ganz und gar nicht von bestimmten Produkten abhängt, sondern dass es einzig und allein auf unsere Fähigkeit zu genießen ankommt. Das heißt, um von Genussmomenten zehren zu können, benötigen wir nicht noch mehr »Spielzeuge«, sondern Haltungen, wie sie in den sieben BALSAM-Genussregeln beschrieben werden. Eine kompakte Zusammenfassung dieser Genussregeln finden Sie auf Seite 81.

M für Motiviert fortfahren – den stärkenden Satz finden

Was findet sich nicht alles unter den etwa 60 000 Gedanken, die uns täglich durch den Kopf gehen! Wir kauen Sätze wieder, mit denen uns jemand bestätigt oder heruntergemacht hat. Dass dabei unterm Strich nicht immer Wohlbefinden herauskommt, liegt vor allem daran, dass die meisten Menschen ihren negativen Gedanken mehr Aufmerksamkeit schenken als möglichen positiven Aspekten. Wenn wir also kurz hintereinander zuerst gelobt und dann getadelt werden, beschäftigt uns die Kritik viel mehr als die Anerkennung. Tatsächlich braucht es fünf anerkennende Bemerkungen, um eine kritische aufzuwiegen.

Ein Trampelpfad von Gedankengängen

Leider sind wir diesem Mechanismus häufig ausgeliefert, da wir uns nicht willentlich entscheiden können, nur die positiven Nachrichten auf uns wirken zu lassen und die negativen einfach zu vergessen. Die Bewertung und Gewichtung von Situationen ist in uns angelegt. Emotionen wie Angst und Enttäuschung lassen sich dabei nicht einfach ausschalten.

M für Motiviert fortfahren

Im Laufe unseres Lebens haben sich in uns Denkmuster verwurzelt, die automatisch bestimmte Gefühle auslösen. Durch häufige »Benutzung« ist eine Art Trampelpfad unserer Gedankengänge entstanden. Grundsätzlich sind solche Denkschablonen wichtig, denn ohne sie könnten wir nicht spontan auf ein auslösendes Ereignis reagieren. Leider greifen wir auf dieses Vertraute auch dann zurück, wenn es offensichtlich in eine emotionale Sackgasse führt.
Jede Bewertung einer Aussage oder Situation basiert ebenso wie jede Emotion auf Erfahrungen. Solange wir leben, sammeln wir neue Eindrücke und schätzen diese konkret ein. Dabei sind natürlich auch Neubewertungen möglich, die sich – im Laufe der Zeit – zu gewohnten Bewertungen entwickeln und dann einen festen Platz in unserem Denken und Fühlen einnehmen. Mithilfe dieser Neubewertungen können alte und schädliche Reaktionen getilgt und neu angelegt werden. So können wir die alten, hinderlichen Denk- und Verhaltensmuster überwinden und auch dann ausgeglichener reagieren, wenn wir gefordert sind.

Merksätze als Teil des täglichen Lebens

Solche Merksätze können nur dann zum persönlichen emotionalen Kapital werden, wenn wir uns immer wieder daran erinnern. Deshalb können die Feststellungen auf einen Zettel oder ein Kärtchen geschrieben und an einem zentralen Ort platziert werden. Erfahrungsgemäß prägen sich Merksätze am besten ein, wenn sie laut ausgesprochen werden. Wichtig ist es, darauf zu achten, wie leicht die Sätze über die Lippen gehen, wie kraftvoll und überzeugt sie klingen und in welchem Tonfall sie ausgesprochen werden.

WIE ENTSTEHT GLÜCK?

Wenn wir uns bisher an der negativen Tatsache festgebissen haben, dass das Glas schon zur Hälfte leer ist, können wir unsere Aufmerksamkeit von nun an darauf lenken, dass es ebenso noch immer halb voll ist, sprich, dass wir noch über eine Menge Kapazitäten verfügen. Indem wir die Situation neu bewerten, öffnen wir uns für Ein- und Ansichten, die uns stark machen können: eine kleine Ermutigung, wenn wir frustriert sind; Gedanken, die uns trotz einer Ablehnung bestätigen …

INFO

Gute Argumente pro BALSAM

Sie haben schon einiges versucht, Ihren Alltag zu »entschärfen«, um schließlich entspannter und ausgeglichener durchs Leben zu gehen. Doch kaum hatte der alltägliche Wahnsinn Sie wieder in seinen Klauen, schon waren die meisten guten Vorsätze vergessen und untergegangen. Wenn Sie diese Situation nur zu gut kennen, sind Sie hier genau richtig: Mit BALSAM wird es Ihnen leicht gemacht, Entspannung gewissermaßen nebenbei zu erlernen, da sich die Schritte mühelos in Ihren – auch stressigen – Tagesablauf einfügen lassen. Die verschiedenen BALSAM-Werkzeuge sind überall und immerzu einsetzbar, sodass sie Ihnen in jeder kritischen Situation sofort zur Verfügung stehen. Hinzu kommt, dass die Erfahrungen mit BALSAM Sie ermutigen werden, auch jene Stressfallen anzugehen, denen mit Entspannungsübungen allein nicht wirksam beizukommen ist.

Effektives Lernen

Gezielte Entspannung mit wenig Zeit- und Materialaufwand erlernen, vor allem aber ohne sich dafür besonders anzustrengen oder über eine längere Zeit Geduld aufbringen zu müssen – das entspricht der optimalen Methode. Damit es immer gelingt, haben wir bei der Konzeption von BALSAM fünf wichtige Erkenntnisse aus der Lerntheorie berücksichtigt, die wissenschaftlich erprobt und abgesichert sind. Und bei BALSAM kommt auch der Spaß nicht zu kurz.

Wir lernen durch häufiges Wiederholen

All das, womit wir häufig konfrontiert werden, lernen wir am leichtesten; was wir immer wieder anwenden, gerät nicht in Vergessenheit. Das gilt nicht nur für die Dinge des täglichen Lebens, sondern auch für besondere Impulse, die unsere Ausgeglichenheit und ein glückliches Leben fördern. Die Flow-Forscher (siehe Seite 8) weisen auf eine entscheidende Erfahrung hin: Kleine und sanfte, dafür aber häufige Glücksstimulationen verdichten sich eher zu einem Glücksempfinden als seltene und intensive. Das heißt, wir leben beispielsweise dann glücklich und intensiv, wenn wir uns zwischendurch an einem Baum erfreuen können oder einem Menschen von Herzen etwas Gutes wünschen. Und eben das – sich für ein paar Momente auf etwas Schönes, Stärkendes zu besinnen – ist nahezu in jeder wachen Stunde unseres Lebens möglich. Wenn es uns gelingt, diesen kleinen Momenten einen festen Platz in unserem Alltagsleben einzuräumen, bestehen gute Chancen, dass sich solche kleinen Glücksimpulse gegenüber den alltäglichen und besonderen Stressoren durchsetzen.

Den Erfolg vor Augen haben

Ob wir bereit sind, etwas Neues zu lernen, hängt unter anderem davon ab, ob schnell und mit geringem Einsatz erste Erfolge zu erwarten sind. Ein Beispiel: Wer eine fremde Sprache erlernt, möchte möglichst bald in der Lage sein, mit wenigen Worten Konversation zu machen, denn genau das spornt an, weiterzumachen. Das lässt sich auf die Entspannung übertragen: Auch hier wünschen wir uns, dass die ersten »Vokabeln« schnell gelernt sind und dass sich die ersten positiven Auswirkungen bereits nach wenigen Wochen zeigen.

GUTE ARGUMENTE PRO BALSAM

Entspannung lässt sich nicht erzwingen – wenn Sie locker sind, fliegt sie Ihnen zu.

Erlebnis-Lernen mit allen Sinnen

Auch wenn jeder Mensch andere Lerngewohnheiten hat, verbinden uns in puncto Lernen doch folgende Tatsachen: Wir behalten etwa zehn Prozent von dem, was wir nur hören oder zur Kenntnis nehmen, aber etwa 90 Prozent von dem, was wir selbst erleben. Hinzu kommt, dass ein Lernprozess umso intensiver ist, je mehr Sinne daran beteiligt sind. Das heißt, je stärker die (Lern-)Erfahrung auch körperlich erlebt wird, umso mehr bleibt sie in Erinnerung.

Spielerisch geht's am leichtesten

Eine weitere Tatsache ist, dass sich immer das besonders gut einprägt, womit wir spielerisch und zwanglos umgehen. In einer lockeren, entspannten Haltung können wir Neues am besten aufnehmen, denn dann spielt die Angst zu versagen keine Rolle und wir lassen uns dementsprechend auch nicht so leicht vom Wichtigen ablenken. Das gilt für die Stressbewältigung in besonderem Maße: Sobald sich beim Entspannen eine Leistungsanforderung einschleicht, ist die angestrebte Leichtigkeit schon über alle Berge. Und das gilt auch für die (dis)stressfreien Flow-Erlebnisse: In diesen Zustand des absoluten Glücks kommt nur der, der ihn nicht unbedingt und mit aller Macht erreichen will. Jeder noch so gut getarnte Zwang, an das Ziel zu kommen, erzeugt Stress und verhindert damit, dass wir eine Situation selbstvergessen und wie von selbst ablaufend erleben. Deshalb funktioniert das Entspannen am besten, wenn wir dabei ganz locker an

Effektives Lernen

unsere Gewohnheiten anknüpfen. Wie das funktionieren soll? Wir erweitern einfach das, was uns ohnehin schon Erleichterung bringt. Das heißt, dass kein Trainingsprogramm abzuarbeiten ist, sondern wir mit einer spielerischen Entdeckerfreude ausprobieren können, was uns gut tut und wann wir dieses entspannende Moment ganz besonders brauchen: Mit einer großen Leichtigkeit greifen wir Ideen wie Bauklötze heraus und probieren aus, welche am besten zu uns und zueinander passen und wie sie in einer konkreten Alltagssituation eingesetzt werden können.

In guten Zeiten vorsorgen

Gehören Sie auch zu der Sorte Mensch, die meint, unter Druck besonders gut zu lernen? Manchmal klappt das auch, und wir kommen zu einem akzeptablen Ergebnis. Doch in den meisten Fällen sind Hektik, Zeitdruck und häufige Störungen beim Lernen eher hinderlich. Das gilt auch für denjenigen, der sich total ausgebrannt fühlt. Wer am Ende seiner geistigen und körperlichen Kräfte ist, kann vorläufig keine neue Entspannungsstrategie erlernen, sondern sollte sich als Voraussetzung für alle weiteren Schritte zuerst einmal zurückziehen und wieder zu Kräften kommen. Erst dann können eingefahrene Bewertungen relativiert und positive Reize stark genug wahrgenommen werden, sodass ein Entspannungsprogramm auch wieder Früchte tragen und Spaß machen kann. Damit es erst gar nicht so weit kommt, sollten wir in Zeiten, in denen wir uns einigermaßen fit fühlen, unsere Handlungsmöglichkeiten erweitern, sprich dazulernen. Je vertrauter uns die Übungen sind, umso leichter können wir darauf zurückgreifen, wenn es einmal stressig wird.

> **FAZIT**
>
> **DIE FÜNF GRÖSSTEN BALSAM-PLUSPUNKTE**
>
> Das effektive und praktikable Entspannungskonzept …
> - … ist auch für viel beschäftigte Personen sehr gut geeignet;
> - … zeigt schon bald erste Erfolge und macht bereits beim ersten Ausprobieren Spaß;
> - … berührt Körper und Geist;
> - … ist mit spielerischer Leichtigkeit zu erlernen;
> - … ist so attraktiv und angenehm, dass man es auch in stressfreien Phasen gern anwendet.

Die Ressourcen sehen

Sind Sie manchmal in einer so verzweifelten Lebenssituation, dass Sie das Gefühl haben, überhaupt keine Kraftquelle mehr zu finden? Dann lassen Sie sich doch bitte auf folgendes Gedankenspiel ein: In Extremsituationen, zum Beispiel bei der Durchquerung einer Wüste, können elementare Dinge wie etwa Wasser oder Nahrung knapp werden, ohne dass sie sofort ersetzt werden könnten. Beim Bergsteigen kann eine Unterkühlung eintreten, gegen die man auch mit Bewegung nicht ankommt. Dadurch gerät der ganze Organismus in Alarmzustand. Etwas Ähnliches geschieht in Stresssituationen, ohne dass dabei Ihr Leben bedroht ist: Sie haben Wasser zum Trinken, Luft zum Atmen, einen Platz zum Leben sowie Quellen von Wärme und Licht.

So banal das klingen mag, weist es doch auf eine wichtige Tatsache hin: Egal wie groß der Stress ist, uns stehen Ressourcen zur Verfügung, die unsere Lebendigkeit, Beweglichkeit und unseren Handlungsspielraum unterstützen. Nehmen wir das zur Kenntnis, fühlen wir uns weniger bedroht und hilflos ausgeliefert.

INFO

DIE VIER GRUNDELEMENTE

Stress lässt sich entschärfen, indem wir uns immer wieder daran erinnern, dass die vier Grundelemente uns stets zur Verfügung stehen:
> **Wasser** hat eine erfrischende Wirkung, der wir nachspüren können, wenn wir etwas trinken oder es über unsere Haut fließen lassen.
> Das **Feuer** steht für wohltuende Wärme. Es schafft Lichtblicke und Orientierung.
> **Luft** brauchen wir in jeder Minute unseres Lebens. In einem bewussten Einatmen strömt erfrischender, stärkender Sauerstoff in uns hinein.
> Die **Erde** ist das Element, das uns ernährt. Wir haben auf ihr einen Platz, an dem wir uns ausbreiten und verwurzeln können.

Ermutigungen annehmen

Sind Sie von einer so starken inneren Unruhe getrieben, dass Sie keine Chance sehen, zu der gewünschten tiefen Entspannung zu finden? Dann hilft BALSAM, neue Zuversicht zu gewinnen und so das ersehnte Ziel zu erreichen. Wer zwischendurch eine Kurzentspannung einlegt, möchte von seiner momentanen Aufgabe etwas Abstand gewinnen. Dabei kommt leicht die Angst auf, den »Faden zu verlieren« und danach wieder von vorn anfangen zu müssen. Deshalb klären wir immer wieder instinktiv, wie viel Abstand wir tatsächlich nehmen wollen. Manchmal reichen ein paar Sekunden, um uns so weit zu erfrischen, dass wir ein Formtief umgehen. Es gibt aber auch Situationen, da muss die Zeitspanne eine Minute deutlich übersteigen. Und dann gibt es da noch den Fall, dass wir in einer Arbeit nicht auf-, sondern in ihr unterzugehen drohen, da wir zu dicht am Thema sind und der Überblick verloren gegangen ist.
In diesem Fall ist ein intensiveres Zurücktreten angesagt.

Der Mut, bei Hektik das Tempo zu reduzieren

Was passiert, wenn das Projekt, an dem Sie arbeiten, um 17 Uhr zur Präsentation bereit sein muss, dann aber durch irgendeine Störung Ihr Zeitplan über den Haufen geworden wurde und es nun sehr eng wird? Möglicherweise versuchen Sie die verlorene Zeit wieder aufzuholen, arbeiten noch schneller und angespannter. Mit dem Ergebnis, dass kreatives Arbeiten unmöglich wird. Tatsächlich herrscht in unserer Gesellschaft eine Art Geschwindigkeitsrausch. Natürlich wäre bei der Arbeit eine emotionale Anspannung zwischen 0 und 20 auf dem »Tacho« (siehe Seite 30) zu gering. Doch auch im Bereich zwischen 80 und 100 sinkt unsere Leistungsfähigkeit, da wir nun hektisch überspannt sind. In diesem Fall wäre eine kleine Entspannungspause richtig, nach der es in etwas gemächlicherem Tempo, aber termingerecht zur Abgabe weitergeht.

INFO

DER ANSPANNUNGS-TACHOMETER

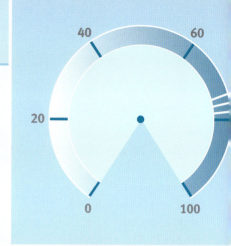

0 = Ich bin so gelöst und entspannt, dass ich gleich sanft einschlafen könnte.
50 = Alles geht wie von selbst, und bei diesem gelassenen Tempo stehen mir unerschöpfliche Energien zur Verfügung.
100 = Ich stehe voll unter Anspannung/Strom und drohe, unter den vielen Sorgen und Aufgaben zusammenzubrechen.

Tief verwurzelte Stressfallen angehen

Die BALSAM-Entspannung ermutigt außerdem, sich zu fragen, wodurch negative Gefühle immer wieder neu hervorgerufen werden. Die Gründe können in der Vergangenheit oder aktuellen Lebenssituation liegen, und das vielleicht schon seit langem. In diesem Fall sollten Sie die Unruhestifter beseitigen, da Sie sich nur dann optimal entspannen können.

Die Bandbreite dieser Unruhestifter ist groß. Damit Sie Ihren persönlichen Ursachen leichter auf die Spur kommen, hier eine kleine Liste, in der Sie vielleicht den einen oder anderen bekannten Grund wiederfinden:

- Vorwürfe und schwelender Groll, besonders in familiären Beziehungen;
- ein Nichtakzeptieren der persönlichen Wurzeln;
- eine grundsätzliche Unzufriedenheit mit unveränderbar scheinenden Lebensumständen und daraus resultierendes Selbstmitleid;
- Selbstvorwürfe und die Neigung, sich selbst ständig infrage zu stellen;
- eine perfektionistische Haltung, die ins Zwanghafte zu gleiten droht;
- das Vermissen eines tragfähigen Lebenssinns;
- allzu extreme Einstellungen in religiösen oder weltanschaulichen Fragen.

Diese und viele andere äußere Faktoren können unser Leben stressig machen. Doch es wäre falsch zu versuchen, mithilfe eines Entspannungsverfahrens eine untragbare Situation erträglich zu machen. Vielmehr sollten Sie versuchen, diese zu ändern. Gelingt das über längere Zeit nicht, ist ein (manchmal radikaler) Schnitt in Erwägung zu ziehen, da Sie sich nur so einer permanenten emotionalen Überforderung entziehen können.

Ihr praktischer BALSAM-Fahrplan

Das Ziel vor Augen

Grundsätzlich lassen sich die Dinge in unserem Leben leichter ordnen, wenn der Druck, der auf uns lastet, geringer wird. Und genau dabei kann BALSAM einen entscheidenden Beitrag leisten: Sie nehmen sich wieder mehr wahr und genießen dieses Gefühl, anstatt permanent an Ihrem Körper herumzunörgeln. Sie können die schönen Seiten des Lebens auskosten, da für Sie ein schlichter Waldspaziergang zu einem erfüllenden, interessanten Erlebnis wird.
Und Sie betrachten Stresssituationen ausgeglichener und lassen sich nicht länger durch überflüssige Angst, durch Zorn oder andere Emotionen ausbremsen. Ihr Alltag fühlt sich leichter an, wenn Sie diese eine Grundsicherheit gewinnen: Egal, welchen Verlust Sie erleiden, niemand kann Ihnen die Möglichkeit nehmen, sich in jeder Situation auf das Stärkende zu besinnen.

Ihr praktischer BALSAM-Fahrplan

Wird der Druck der täglichen Verpflichtungen zu groß, verliert man Ziele leichter aus den Augen. Damit Ihnen dies mit Ihrer BALSAM-Entspannung nicht passiert, erhalten Sie hier eine praktikable Gebrauchsanweisung – leicht verständlich, detailliert und dennoch überschaubar.

So setzen Sie BALSAM um

Der erste wichtige Punkt: Sie sollten an das erste Ausprobieren der BALSAM-Methode auf jeden Fall in Ihrem eigenen Tempo herangehen. Versuchen Sie bitte nicht, zu viele Anregungen auf einmal umzusetzen. Denn jeder Mensch hat für Veränderungen eine individuelle Höchstgeschwindigkeit, die sich auch dann nicht überschreiten lässt, wenn man sich mit immer mehr Informationen bombardiert. Das bedeutet für Sie: Gehen Sie erst dann zur nächsten Übung weiter, wenn Ihnen die bisher geübte sehr gut vertraut ist.
Zweitens: Überlassen Sie nichts dem Zufall, vor allem nicht Ihren Start in die BALSAM-Entspannung, denn sonst schieben Sie den Beginn mehr und mehr vor sich her. Machen Sie einen konkreten Zeitplan, legen Sie am besten heute fest, wann Sie mit der ersten Übung beginnen wollen, und tragen Sie sich für diesen Tag in Ihren Kalender ein großes B für BALSAM ein.

BALSAM-Planung – Vorfreude auf ein Leben mit weniger belastendem Stress.

Ebenfalls eintragen sollten Sie die Übergänge von der ersten zur zweiten und der zweiten zur dritten Lernphase: Zwei Wochen nach dem ersten also ein weiteres großes B in den Kalender vermerken, ein drittes genau zwei Monate nach dem Starttermin.

Die drei »B's« – Tage der Besinnung

Die drei B's stehen nun schwarz (oder rot) auf weiß in Ihrem Kalender. An eben diesen Tagen sollten Sie sich vor Augen führen, wie das entspanntere Leben, das Sie erreichen wollen, eigentlich aussehen soll. Schreiben dafür in einer ruhigen Minute auf, in welchen kritischen Situationen Sie sich am meisten wünschen, entspannter zu sein. Notieren Sie auch, welche positiven Auswirkungen ein ausgeglichenes und genussvolles Leben voraussichtlich für Sie haben wird. Nehmen Sie diesen Zettel zwischendurch immer wieder einmal kurz zur Hand und leisten Sie sich den kleinen Luxus, mit Ihren Gedanken in eine entspanntere Zukunft zu reisen.

Einfach anfangen – Ihr Fahrplan für die ersten zwei Wochen

Der Einstieg wird Ihnen am leichtesten fallen, wenn Sie dafür eine Übung heraussuchen, die zu Ihnen passt. Im folgenden Kapitel »Einstiegs-Set« (siehe Seite 36 ff.) können Sie sich daher mithilfe von Tests und den Programmen für die einzelnen Tagesabschnitte Schritt für Schritt Ihre persönliche Kurzentspannung für den Einstieg in die BALSAM-Entspannung zusammenstellen. Bleiben Sie zunächst bei dieser einen Übungssequenz, die sich Ihnen durch die Wiederholungen immer mehr einprägt. Orte, an denen Sie im Laufe des Tages immer wieder vorbeikommen oder verweilen, sollten Sie mit kleinen Erinnerungsstützen für die Entspannung versehen. Das können ein kleines oder

Ihr praktischer BALSAM-Fahrplan

größeres »B« auf einem Zettelchen, eine Notiz im Kalender sein – aber genauso gut das »B« auf dem Schild am Bahnhof oder über der Bäckerei.
Ihre Übungen können Sie überall, ohne Hilfsmittel und vor allem in kleinen Zeitnischen zwischendurch machen. Sie werden schon bald kleine Zwischenräume und Leerläufe im Tagesablauf entdecken, in denen sich Ihre Entspannung prima realisieren lässt, ohne dass Sie dafür Extra-Zeit opfern müssen. Wenn Sie ungefähr zehnmal am Tag etwa eine Minute in die Entspannung investieren, reicht das völlig aus. Dazu kommen dann immer wieder einzelne Momente, in denen Sie ein oder zwei der sechs Bausteine herausgreifen, um sich ganz kurz zu besinnen und zur Ruhe zu kommen.

Heimisch werden im BALSAM-Tagesablauf (Woche 3 bis 8)

Zu Beginn der dritten Woche ist Ihnen die Einstiegsübung sicher so vertraut, dass Sie Ihr Repertoire problemlos erweitern können. Das BALSAM-Programm bietet an dieser Stelle Entspannungsabläufe für fünfzehn typische Situationen im Tagesablauf an, aus denen Sie die für Sie wichtigsten herausgreifen können. Mit einem Test finden Sie außerdem in fünf bis zehn Minuten Ihre Stärken und Wachstumschancen heraus (siehe dazu ab Seite 44) und wählen entsprechend zwei weitere Übungsvarianten, die Sie täglich einsetzen können.

Eine runde Sache (9. Woche und danach)

Am Übergang zur dritten Lernphase der BALSAM-Entspannung ist es für Sie an der Zeit zu überlegen, in welche Stressfallen Sie besonders häufig hineintappen. An dieser Stelle können Sie sich anhand der Übersicht eine entsprechende Übung heraussuchen, mit deren Hilfe Sie ab jetzt mehr Sicherheit und Gelassenheit in einer Situation gewinnen, die bisher Ihr Schwachpunkt war.
Von nun an bietet es sich an, zu Beginn einer jeden Woche zu überlegen, welche Situationen in den nächsten Tagen auf Sie zukommen und wie Sie darauf mit BALSAM reagieren können. Damit sich die Übung gut einprägt, sollten Sie sich pro Woche jedoch maximal eine neue Übung vornehmen.
Je länger Sie das BALSAM-Prinzip anwenden, umso mehr werden Sie es verinnerlichen, sodass Sie schließlich keine Übungsfolge mehr nachschlagen, sondern täglich aus Ihrer Erinnerung und Ihren Erfahrungen schöpfen können.

PRAXIS

Mit BALSAM
in die Entspannung starten

Machen Sie sich zu Beginn mit den Basiselementen von BALSAM vertraut und stellen Sie mithilfe eines einfachen Fragebogens zusammen, wie Ihr optimales BALSAM-Programm für die ersten Wochen aussieht. Und dann geht's richtig los: Mit den Entspannungsfixpunkten zuerst die Wachstums- und Stärkepotenziale ermitteln und dann in einen relaxten Alltag durchstarten ...

Das Einstiegs-Set

Das erste B steht heute in Ihrem Kalender – Ihre BALSAM-Entspannung beginnt. Nun geht es zunächst darum, eine Abfolge von Übungen aus dem Einstiegs-Set auszuwählen, die Ihnen persönlich besonders liegt und die genau auf Sie abgestimmt ist. Dies ist umso wichtiger, weil natürlich auch Entspannung etwas sehr individuell Erlebtes ist. Damit die Übungen möglichst gut zu Ihnen passen, gibt es in diesem Kapitel vorab einen Test, mit dessen Hilfe Sie Ihren Wahrnehmungsschwerpunkt ermitteln können.

Danach wird es Ihnen leicht fallen, sich Ihren BALSAM-Prototyp für die ersten beiden Wochen zusammenzustellen: Sie finden dazu für jeden der sechs Buchstaben drei Übungsvarianten, aus denen Sie sich passende Einheiten kombinieren. Damit im Anschluss der Start in die Entspannungsfixpunkte leichter fällt, haben wir hier noch einen weiteren Test für Sie eingebaut: Mithilfe der Fragen auf Seite 44/45 können Sie Ihre Wachstums- und Stärkepotenziale erkennen und so gezielt in ein entspanntes Leben starten.

ERMITTELN SIE IHREN WAHRNEHMUNGSSCHWERPUNKT

Sind Sie ein Mensch, dem, wenn er die Augen schließt, sofort Bild um Bild erscheint, wie eine kleine Diashow im Kopf? Oder sind es mehr Gerüche oder ein besonderer Geschmack, die Ihnen schnell in den Sinn kommen oder eine Erinnerung auslösen? Dies sind schon erste Anhaltspunkte, welchen Wahrnehmungsschwerpunkt Sie haben. Sind Sie kinästhetisch veranlagt, ist Ihr Schmecken, Riechen und Fühlen besonders ausgeprägt. Für den visuellen Typ steht dagegen das Sehen und für den auditiven das Hören im Vordergrund. Der folgende kleine Test bringt es ans Licht.

WELCHEN WAHRNEHMUNGSSCHWERPUNKT HABEN SIE?

Konfrontieren Sie sich in einer ruhigen Stunde mit den nachfolgenden Begriffen. Ideal ist, wenn jemand Ihnen die Begriffe nacheinander vorliest. Sie können sie aber auch selbst lesen. Überlegen Sie bei jedem Begriff, was Ihnen spontan dazu einfällt. Wenn Sie beispielsweise »Wald« hören, welche Vorstellung ruft das in Ihnen zuerst wach? Sehen Sie ein Bild von einer ganz bestimmten Landschaft vor sich? Dann sollten Sie unten einen Strich unter der Rubrik »visuell« machen. Hören Sie in Ihrer Vorstellung eher Geräusche, die vom Wind oder von den Tieren des Waldes ausgehen, punkten Sie bei »auditiv«. Drängen sich Ihnen eher Gerüche (z. B. von Moos), ein Geschmack (Waldbeeren) oder etwas Fühlbares (Wind) auf, dann sollten Sie bei »kinästhetisch« einen Strich vergeben. Hier die Begriffe:

Wald – Haus – See – Bett – Auto – Sand – Winter – Kirchenglocken – Baum – Regen – Diskothek – Weihnachten – Wasserfall – Alpen – Frühling – Sofa – Erde – Sonne – Feuer – Wind – Stereoanlage – Urlaub – Mutter – Steak – Fußboden

Kinästhetisch (Schmecken, Riechen, Fühlen):
Visuell (Sehen):
Auditiv (Hören):

Zählen Sie zusammen, in welcher Rubrik Sie die meisten Punkte haben. Überlegen Sie sich, ob der dabei ausgewählte Wahrnehmungsschwerpunkt mit Ihren sonstigen Beobachtungen übereinstimmt.

ERMITTELN SIE IHREN PERSÖNLICHEN BALSAM-PROTOTYP

Sie haben jetzt mithilfe des kleinen Tests auf der vorhergehenden Seite herausgefunden, welcher Wahrnehmungstyp bei Ihnen dominiert. Nun benötigen Sie etwa 15 Minuten, um sich Ihren individuellen BALSAM-Übungsablauf zusammenzustellen. Entscheiden Sie sich bei jedem der sechs BALSAM-Bausteine jeweils für eine von drei Varianten. Tragen Sie Ihre Ergebnisse dann in die Übersicht auf Seite 43 ein.

B Besinnung

Gerade zu Beginn ist es sinnvoll, die BALSAM-Entspannung mit einem kleinen Ritual zu beginnen und so auf gewohnte Art und Weise in die Übung einzusteigen. Welches der folgenden drei Rituale spricht Sie am meisten an? Es wird mit der darauf folgenden Anleitung zum ersten Baustein Ihres persönlichen BALSAM-Prototyps.

Variante 1: Wasser
Sie sind leicht über den Geschmackssinn anzusprechen. Sie trinken gern einmal etwas zwischendurch. Es gibt Ihnen ein gutes Gefühl, wenn Sie zwischen den Mahlzeiten eine Kleinigkeit knabbern.
> Stellen Sie sich am Morgen eine Flasche Wasser an Ihren Arbeitsplatz. Das Wasser soll Sie daran erinnern, sich selbst zu erfrischen. Dabei besser immer wieder einen kleinen Schluck trinken als ein ganzes Glas auf einmal.

Variante 2: Bilder und Zeichen
Sie haben mit dem kleinen Test festgestellt, dass Bilder Sie am intensivsten berühren, da sie mit deren Hilfe eine klare Vorstellung von den Dingen bekommen.
> Stellen Sie lieb gewordene Erinnerungsfotos und Bilder, die Sie aufmuntern oder fröhlich stimmen, auf Ihren Schreibtisch. Vergessen Sie nicht, die Motive immer mal wieder zu wechseln.

Variante 3: Eine kleine Geste
Sie mögen am liebsten kleine Gesten (vielleicht auch ein hörbares Signal), um sich an etwas zu erinnern. In diesem Fall ist das Ihre Möglichkeit zum Einstieg.
> Ihre persönliche Einstiegsgeste kann ganz individuell sein: Schnipsen Sie mit den Fingern oder drehen Sie die geöffnete Handfläche nach oben. Oder Sie schnalzen mit der Zunge oder pusten deutlich hörbar Luft aus.

Ermitteln Sie Ihren BALSAM-Prototyp — PRAXIS

A Atmen

Den eigenen Atem erspüren

Damit Sie sich optimal über den Atem entspannen können, sollten Sie zuerst herausfinden, in welcher Körperregion Sie die Bewegungen Ihres Atems am intensivsten spüren.

Variante 1: Der Bauchraum

> Legen Sie eine Hand genau dort auf Ihren Bauch, wo Sie die stärkste Atembewegung vermuten. Beobachten Sie, inwieweit Ihre Hand durch den Atem gehoben und wieder gesenkt wird. Spüren Sie dem Atem nach.

Variante 2: Nase/Mund

> Halten Sie einen Finger direkt unter die Nase und achten Sie darauf, wo genau Sie etwas von der Luftbewegung spüren. Empfinden Sie den Luftzug an den Nasenwänden oder am Finger, wo verspüren Sie ihn stärker, wo schwächer? Achten Sie auch auf ganz leichte Bewegungen. Die Nasenwände können sich selbst dann ein wenig weiten, wenn Sie sich gar nicht um ein tieferes Atmen bemühen.

Variante 3: Brust und Schultern

> Lassen Sie Ihre Aufmerksamkeit Ihren Brustkorb hinauf bis zum Schlüsselbein wandern. Legen Sie die Hand auf den Bereich zwischen Brust und Hals und spüren Sie hier den Atembewegungen nach. Beachten Sie, wie sich Ihre Schultern im Atemrhythmus sachte heben und senken.

Den Atem sichtbar machen

Lassen Sie die folgenden drei Beschreibungen auf sich wirken. Welches Bild löst bei Ihnen Entspannung aus und vermittelt Ihnen das Gefühl, schließlich zu Hause angekommen zu sein?
Wenn Sie sich für eines der drei Bilder entschieden haben, sollte es Sie vor Ihrem inneren Auge immer dann begleiten, wenn Sie Ihrem Atem in der von Ihnen bevorzugten Körperregion nachspüren.

Variante 1: Strand

> Stellen Sie sich eine Meereswelle vor, die sich allmählich auftürmt und bis zu Ihnen hin sanft ausrollt – so wie Sie es vielleicht von einem Strandurlaub kennen. Ihr Motto könnte in diesem Fall sein: »Mein Leben wird vom Wellenschlag meines Atems begleitet – von meinen Atemwellen«.

Variante 2: Blume

> Rufen Sie sich eine schöne Blume, beispielsweise eine Seerose, vor Ihr inneres Auge. Erleben Sie in Ihrer Vorstellung, wie die Blüte sich allmählich wie im Zeitraffer öffnet und zu gegebener Zeit wieder schließt.

Variante 3: Adler

> Stellen Sie sich einen Adler vor oder einen anderen Vogel, dessen Anblick Ihnen vertrauter ist. Sehen Sie vor Ihrem inneren Auge, wie er seine Flügel ausbreitet, sich kraftvoll in die Lüfte schwingt und scheinbar schwerelos segelnd über Ihnen schwebt.

DAS EINSTIEGS-SET

Arme und Oberkörper lockern.

L Lockern

Bei diesem Schritt nutzen Sie das Prinzip der Progressiven Muskelentspannung (siehe dazu auch »Bücher, die weiterhelfen, Seite 124). Sie spannen eine Muskelpartie an und lassen sich dann in die Entspannung »hineinfallen«. Lassen Sie sich für das Nachspüren der Entspannung etwa doppelt so viel Zeit wie für die Anspannung. Beobachten Sie dabei, wie sich Ihr Atem der Anspannung und Entspannung anpasst. Probieren Sie aus, welche der drei Übungen Ihnen am meisten Entspannung verschafft.

Variante 1: Hände

> Ballen Sie beide Hände zu Fäusten. Beugen Sie dabei die Hände im Handgelenk etwas, um die Spannung im Unterarm zu verstärken. Spannen Sie die Fäuste noch ein bisschen stärker an. Zählen Sie dabei langsam bis fünf und lassen Sie – begleitet durch Ihr Ausatmen – Ihre Hände abrupt wieder locker. Bleiben Sie mit Ihrer Aufmerksamkeit bei den locker geöffneten Händen. Lassen Sie die Entspannung und das gute Gefühl, etwas losgelassen zu haben, nachklingen.

Variante 2: Arme und Oberkörper

> Verhaken Sie die Finger der Hände vor der Brust und ziehen Sie die Unterarme kräftig auseinander. Halten Sie die Spannung vier Sekunden. Lösen Sie die Verbindung und spüren Sie der Entspannung in Ihren Armen nach.

Variante 3: Bauchraum

> Spannen Sie Ihre Bauchmuskeln für etwa drei Sekunden stark an. Erhöhen Sie die Anspannung noch etwas, um dann ganz plötzlich alle Muskeln loszulassen. Spüren Sie für einige Sekunden der Entspannung nach. Nehmen Sie wahr, wie locker sich Ihr Bauchraum jetzt anfühlt.

S Strecken

Die bei den meisten Menschen übliche unausgewogene Beanspruchung im Tagesablauf führt dazu, dass sich gewisse Muskeln zurückbilden und schließlich verkürzen. Besonders betroffen sind dabei die Nacken-, Brust- und untere Rückenmuskulatur sowie die Oberschenkel- und Wadenmuskeln. Da Körper und

Ermitteln Sie Ihren BALSAM-Prototyp — PRAXIS

Seele stark aufeinander reagieren, können sich diese körperlichen Symptome auch negativ auf die Seele auswirken. Spüren Sie in sich hinein, welchen Bereich Sie gern sofort dehnen würden.

Variante 1: Hände

- Halten Sie Ihre Hände etwa auf Brusthöhe mit so viel Abstand zueinander, dass in etwa Ihr Kopf dazwischen passen würde. Die Finger sind entspannt und leicht gebeugt.
- Nun strecken Sie die Finger und spreizen sie möglichst weit auseinander. Dabei können Sie die Hände auch vorsichtig etwas überdehnen. Halten Sie die Dehnung etwa 4 Sekunden und achten Sie dabei auf Ihren Atem.

Variante 2: Arme und Oberkörper

- Nehmen Sie die Arme schulterbreit gestreckt nach oben und dehnen Sie Ihre Arme langsam so weit nach hinten, dass Sie die Dehnung auch in der Brustmuskulatur spüren. Kurz halten, dann wieder entspannen.
- 3-mal wiederholen und dabei den Atem beobachten.

Variante 3: Den Körper lang machen

- Stellen Sie sich hin und konzentrieren Sie sich auf Ihren Bauch. Von dort aus gehen Sie mit Ihrer Aufmerksamkeit tiefer in den Beckenbereich.
- Schieben Sie Ihr Becken nach vorn. Dabei richtet sich der Oberkörper auf, sodass ein Hohlkreuz entsteht. Sie werden größer. Strecken Sie jetzt auch die Beine und gehen Sie vielleicht sogar auf Ihre Zehenspitzen – so als würden Sie wie eine Marionette an einem Faden hochgezogen.

A Aufschauen

Mit diesem Übungselement können Sie sich auch an geschäftigen Tagen für Reize öffnen, die Ihnen einige Genussmomente schenken können. Dabei hängt die Auswahl der Übung davon ab, welcher Wahrnehmungstyp Sie sind (siehe dazu auch Seite 37).

Variante 1: Wahrnehmungstyp »Fühlen, Riechen, Schmecken«

- Beschäftigen Sie sich mit schwachen Reizen in Ihrer Umgebung. Achten Sie auf Ihre Kleidung: Welche Kleidungsstücke spüren Sie besonders intensiv, welche weniger? Wie fühlt sich das an? Tragen Sie ein Kleidungsstück, das warm und kuschelig ist?
- Beobachten Sie, an welchen Stellen Sie die Luft, die Sie umgibt, spüren. Machen Sie sich bewusst, wie Sie komplett von Luft umschlossen sind.
- Streichen Sie mit den Fingern über eine Hautpartie. Wie fühlt sich die Haut an? Konzentrieren Sie sich für einige Sekunden auf diese Berührung.
- Riechen Sie an Ihrer Haut oder an etwas anderem, das gut duftet, etwa einem Blumenstrauß. Oder Sie probieren ein geschmacklich interessantes Lebensmittel und schmecken nach.

Kleine Details und leise Töne beachten!

Variante 2: Wahrnehmungstyp »Sehen«
› Entdecken Sie kleine Details Ihrer Umgebung, etwa die Maserung eines Holztisches, die Struktur der Wand, das Muster eines Gegenstands.
› Achten Sie auf eine interessante Farbe oder einen Farbkontrast. Beobachten Sie auch die Übergänge zwischen den Dingen und Farben.
› Lassen Sie Ihren Blick aus dem Fenster schweifen und kurz auf etwas ruhen, das Ihnen ein Gefühl von Weite oder Gelassenheit gibt. Stellen Sie Ihre Augen auf »unendlich«.
› Betrachten Sie Ihre Hände: Sehen Sie sich die Handflächen mit ihren Linien genauer an und machen Sie sich dabei deren Einzigartigkeit bewusst.

Variante 3: Wahrnehmungstyp »Hören«
› Achten Sie, wenn Sie eine Straße entlang, durch einen Park oder über eine Wiese gehen, doch einmal etwas intensiver auf die leisen Töne: das Blättergeraschel eines Baumes, das Zwitschern der Vögel, das Knirschen Ihrer Schritte ...
› Machen Sie sich bewusst, welche Töne Sie an Ihrem Arbeitsplatz umgeben. Oder Sie öffnen das Fenster und versuchen, zwischen den von Menschen verursachten Tönen auch die Naturgeräusche herauszuhören.

M Motiviert fortfahren
Zum Abschluss jeder BALSAM-Entspannung sollten Sie sich einen motivierenden Satz auf den Weg geben. Wählen Sie dazu den Satz aus, der Ihrer Meinung nach am besten zu Ihnen passt. Prüfen Sie das, indem Sie jeden Satz mehrmals laut aussprechen.
› Beenden Sie Ihre BALSAM-Entspannung stets, indem Sie den von Ihnen gewählten Satz laut aussprechen und etwa 3 Sekunden wirken lassen.
»Mein Atem trägt mich«
»Im Atem liegt Ruhe«
»Vom Atem gut bewegt«
»Ich bin gut unterwegs«
»Schritt für Schritt schaffe ich es gut«
»Ein Tag voller Genuss«
»Die Welt ist farbenfroh – und ich bin mittendrin«
»Ein Tag zum Hineinbeißen«
»Wie gut, aktiv zu sein«
»Andere wissen meine Arbeit zu schätzen – und ich schätze sie auch«
»Heute gibt es Neues zu entdecken«

Baustein-Überblick

Sie haben nun alle BALSAM-Elemente kennen gelernt und dabei Ihre individuelle Auswahl getroffen. Verschaffen Sie sich nun einen Überblick, indem Sie in der unten stehenden Tabelle noch einmal Ihre ausgewählten Entspannungsbausteine markieren. Die Tabelle ist übrigens auch eine gute Kopiervorlage.

BALSAM starten ...

Nehmen Sie sich Ihren persönlichen Plan zur Hand und durchlaufen Sie die ausgewählten Stationen ohne große Pausen einmal nacheinander. Am besten wiederholen Sie die Übungen im Anschluss gleich noch einmal.

... und in den Tag einbauen

Von nun an können Sie die Übungen mehrmals täglich »laufen lassen«. Überlegen Sie schon jetzt, wann Sie das Übungsprogramm am besten einbauen können: Vielleicht haben Sie ja bereits während des Aufstehens Zeit für die erste Portion BALSAM des Tages. Es ist aber auch kein Problem, wenn Sie aus Zeitgründen vielleicht nur zwei BALSAM-Elemente berücksichtigen.

ÜBERSICHTSTABELLE BALSAM-BAUSTEINE

B Besinnung	Wasser trinken	Bilder sprechen lassen	Kleine Gesten, z. B. Schnipsen, Pusten
A Atmen Den Atem spüren Den Atem visualisieren	Bauchraum Wellenbild	Nase Seerosenbild	Brust und Schultern Bild des Adlers
L Lockern	Hände	Arme und Oberkörper	Bauchraum
S Strecken	Hände	Arme und Oberkörper	Den Körper lang machen
A Aufschauen	Etwas fühlen, riechen schmecken	Etwas sehen	Etwas hören
M Motiviert fortfahren	Ihr persönlicher motivierender Satz		

TEST

ENTSPANNUNGSFIXPUNKTE ERKENNEN

Der folgende Test besteht aus 15 Punkten, die Sie durch fünf Abschnitte Ihres Tages führen. Finden Sie heraus, wo genau im Tagesablauf Ihre Stärken und Schwächen liegen. Ideal: Sie lernen dabei gleichzeitig die Schwerpunkte Ihrer Stressbewältigung kennen. Wenn Sie die Fragen beantworten, stellen Sie sich einen normalen Tag vor und wählen Sie spontan aus, wo Sie sich selbst auf der Skala von 1 (ganz entspannt) bis 10 (sehr angespannt) sehen. Um die Auswahl zu erleichtern, finden Sie Beispiele für die besonders entspannte (1), extrem angespannte (10) und mittlere Position (5).

Der Start in den Tag

1 Wenn ich morgens aufwache, ...
… freue ich mich auf die vor mir liegenden Herausforderungen. (1)
… halten sich Sorgen und Freude in etwa die Waage. (5)
… fallen meine Sorgen sofort über mich her und lähmen mich. (10)
1 | 2 | 3 | 4 | 5 | 6 | 7 | 8 | 9 | 10

2 Kurz nach dem Aufstehen bin ich ...
… ausgeglichen und kann genießen. (1)
… teilweise angespannt, teilweise ausgeglichen. (5)
… sehr angespannt und hektisch. (10)
1 | 2 | 3 | 4 | 5 | 6 | 7 | 8 | 9 | 10

3 Auf dem Weg zur Arbeit bzw. wenn ich mit der Arbeit beginne, ...
… bin ich gut gelaunt und kann mich auch an kleinen Dingen erfreuen. (1)
… bin ich etwas träge. (5)
… wird mir ganz schwer ums Herz, weil ich immerzu an die vielen ungelösten Probleme denken muss. (10)
1 | 2 | 3 | 4 | 5 | 6 | 7 | 8 | 9 | 10

› Abschnitts-Punktzahl:

Im Laufe des Arbeitstages

4 Nach einigen Stunden ohne Pause ...
… bin ich durchgängig konzentriert und motiviert. (1)
… geht es mit meiner Leistungsfähigkeit auf und ab. (5)
… ist meine Arbeit für mich sehr mühevoll, sodass ich nur den Wunsch habe, alles schnell hinter mich zu bringen. (10)
1 | 2 | 3 | 4 | 5 | 6 | 7 | 8 | 9 | 10

5 Wenn eine schwierige Aufgabe auf die andere folgt, ...
… ist der Tag für mich eine Herausforderung, die ich meistern möchte. (1)
… macht mich das etwas nervös. (5)
… fühle ich mich geschlaucht. (10)
1 | 2 | 3 | 4 | 5 | 6 | 7 | 8 | 9 | 10

6 In der Zeit kurz vor Feierabend ...
… fühle ich mich unverändert topfit. (1)
… fällt mir die Arbeit schwerer. (5)
… fühle ich mich total ausgelaugt und hoffe, dass ich noch durchhalte. (10)
1 | 2 | 3 | 4 | 5 | 6 | 7 | 8 | 9 | 10

› Abschnitts-Punktzahl:

Übergänge und Zwangspausen
7 Wenn ich eine Arbeit abschließe und zur nächsten übergehe, …
… kann ich die Unterbrechung gut nutzen, um mich, vielleicht bei einigen Schritten, etwas zu entspannen. (1)
… gelingt mir ein kleines Aufatmen. (5)
… fühle ich mich dem ganzen Stress des Tages ausgeliefert. (10)
1 | 2 | 3 | 4 | 5 | 6 | 7 | 8 | 9 | 10

8 Wenn ich in einer Schlange auf etwas warten muss, …
… nutze ich die Gelegenheit, um etwas zu mir zu kommen. (1)
… werde ich nach einiger Zeit ungeduldig. (5)
… versuche ich hektisch, durch Wechseln der Warteschlangen schneller vorwärts zu kommen. (10)
1 | 2 | 3 | 4 | 5 | 6 | 7 | 8 | 9 | 10

9 In diversen Zwangspausen …
… akzeptiere ich die Situation und nutze die Gelegenheit, mich zu spüren oder um etwas Wohltuendes wahrzunehmen. (1)
… werde ich nervös – vor allem, wenn ich dadurch unter Zeitdruck gerate. (5)
… kann ich es überhaupt nicht aushalten, auf etwas warten zu müssen. (10)
1 | 2 | 3 | 4 | 5 | 6 | 7 | 8 | 9 | 10

➤ Abschnitts-Punktzahl:

Pause und Heimweg
10 Die Mittagspause …
… ist für mich eine Kraftquelle. (1)
… ist für mich etwas entspannend. (5)
… nützt mir zum Regenerieren meiner Kräfte überhaupt nichts. (10)
1 | 2 | 3 | 4 | 5 | 6 | 7 | 8 | 9 | 10

11 Wenn ein Arbeitsschritt bewältigt und ein Teilerfolg errungen ist, …
… motiviert mich das, weil ich den Erfolg würdigen kann. (1)
… nehme ich beiläufig zur Kenntnis, schon etwas geschafft zu haben. (5)
… bemerke ich das gar nicht. (10)
1 | 2 | 3 | 4 | 5 | 6 | 7 | 8 | 9 | 10

12 Auf dem Heimweg …
… kann ich sehr gut von meiner Arbeit Abstand gewinnen. (1)
… freue ich mich auf den Feierabend, bin aber noch recht angespannt. (5)
… fühle ich mich total gestresst. (10)
1 | 2 | 3 | 4 | 5 | 6 | 7 | 8 | 9 | 10

➤ Abschnitts-Punktzahl:

Zwischen Feierabend und Einschlafen
13 Der Feierabend …
… ist die reinste Kraftquelle. (1)
… reicht mir nur teilweise, um mich tatsächlich zu entspannen. (5)
… ist fast genauso anstrengend und stressreich wie der Job. (10)
1 | 2 | 3 | 4 | 5 | 6 | 7 | 8 | 9 | 10

14 Wenn ich mich bettfertig mache …
… bin ich völlig entspannt. (1)
… werde ich nicht wirklich ruhig. (5)
… fällt es mir sehr schwer, den Anspannungspegel herunterzufahren. (10)
1 | 2 | 3 | 4 | 5 | 6 | 7 | 8 | 9 | 10

15 Das Ein- und Durchschlafen …
… ist kein Problem. (1)
… macht mir etwas Schwierigkeiten. (5)
… ist sehr mühevoll, da ich weder gut einschlafe noch durchschlafe. (10)
1 | 2 | 3 | 4 | 5 | 6 | 7 | 8 | 9 | 10

➤ Abschnitts-Punktzahl:

DEN BALSAM-TEST AUSWERTEN UND OPTIMAL NUTZEN

▶ AUSWERTUNG DER GESAMTPUNKTZAHL

Beginnen Sie mit der Auswertung des Tests, indem Sie aus den einzelnen Abschnitten Ihre Gesamtpunktzahl zusammenzählen.

15 bis 51 Punkte: Sie sind entspannter als die meisten Menschen. Prima, dass Sie vielen Situationen ausgeglichen begegnen. Sie werden in puncto Entspannung und Genussfähigkeit weitere wertvolle Erfahrungen durch BALSAM sammeln können.

52 bis 86 Punkte: Sie kommen mit den Anspannungen des Alltags so einigermaßen zurecht und liegen beim Umgang mit Stressoren voll im Durchschnitt. Doch mithilfe dieses Buches können Sie Ihre Stressbewältigung noch optimieren.

87 bis 150 Punkte: Sie haben überdurchschnittlich viele Schwierigkeiten, unterschiedliche Alltagssituationen entspannt und ausgeglichen zu gestalten. Für Sie kommt die BALSAM-Entspannung gerade richtig.

▶ AUSWERTUNG DER ABSCHNITTSPUNKTZAHL

Vergleichen Sie nun die Werte, die Sie in den fünf Bereichen erzielt haben. Je höher die Punktzahl, umso größer ist Ihr Handlungsbedarf in diesem Tagesabschnitt. Sollten Sie zweimal den gleichen Wert haben, verlassen Sie sich auf Ihr Gefühl und konzentrieren Sie sich auf den Bereich, in dem Sie Ihr größeres Stressproblem sehen. Denn genau dort liegen Ihre größten Wachstumschancen.

Um daneben aber auch noch Ihr Stärkepotenzial auszubauen, wählen Sie den Bereich mit der besonders niedrigen Punktzahl aus. Die Übungen fallen Ihnen leicht und unterstützen Ihr Hineinwachsen in einen entspannteren Lebensstil.

▶ ZUR ORIENTIERUNG

Jeder Frage dieses Tests ist eine entsprechende Übung zugeordnet, die Sie auf den Seiten 48 bis 77 finden. Damit Sie sich bei der Zuordnung problemlos zurechtfinden, sind die Fragen ebenso wie die Übungen nummeriert.
Nachdem Sie sich in den ersten beiden Wochen mit den Grundübungen vertraut gemacht haben, konzentrieren Sie sich nun für zwei Wochen auf je eine Übung aus den Bereichen Wachstumschancen und Stärkepotenziale. Wenn sich der Erfolg, also die Entspannung einstellt, ist es auch an der Zeit, sich neuen Übungen zuzuwenden, um weitere Wachstums- und Stärkepotenziale zu entwickeln.

Entspannungsfixpunkte

Wenn Sie morgens aufwachen, liegt ein Kapital von etwa 1000 Minuten bis zum Schlafengehen vor Ihnen. Was spricht dagegen, einige dieser Minuten zu nutzen, um in der Routine des Alltags eine Entspannungsinsel zu finden? Jetzt können Sie sich etwas gönnen, denn auf den folgenden Seiten finden Sie 15 BALSAM-Entspannungsabläufe für verschiedene Situationen des Tages. Wenn Ihnen die Zeit fehlt, alle sechs BALSAM-Bausteine hintereinander zu durchlaufen, können Sie auch einzelne Elemente herausgreifen, da Sie bereits damit der Anspannung etwas entgegensetzen. Gehen Sie Ihr Entspannungsprogramm mit großer Leichtigkeit an und versuchen Sie nicht, alles auf einmal haargenau abzuarbeiten. Lehnen Sie sich vielmehr zurück, wenn Sie in diesem Kapitel blättern. Das eine oder andere lädt Sie vielleicht sofort zum Ausprobieren ein. Wenn es Ihnen gelingt, mal hier, mal da eine Entspannungsinsel in Ihren Tagesablauf einzubauen, wird sich allmählich auch ein leichteres Lebensgefühl einstellen.

Ein Traum: Aufwachen und sich frisch und ausgeschlafen fühlen – mit BALSAM wird er wahr.

In aller Frische aufwachen (1)

Kennen Sie das Gefühl langsam aufzuwachen und sich dabei wohlig ausgeschlafen, entspannt und erholt zu fühlen? Damit dieses gute Gefühl nicht nur ein Traum bleibt und auch dann möglich ist, wenn ein schwieriger Tag zu erwarten ist, hier eine BALSAM-Übungabfolge, die Ihnen einen guten und entspannten Start in den Tag sichert.

B Auf Entspannung einstellen

› Während Sie sich im Bett langsam aufrichten, sagen Sie sich »Start frei für das Gute«.

A Erwachender Atem

› Achten Sie gleich nach dem Aufwachen darauf, wie Ihr Atem durch den Körper strömt und ihn bewegt. Begrüßen Sie Ihren Atem wie einen guten Freund, der Sie durch diesen Tag begleiten wird.

› Nun beginnen Sie zu blinzeln. Sobald die ersten natürlichen oder künstlichen Lichtstrahlen durch Ihre Lider schlüpfen, dosieren Sie Ihr Blinzeln so, dass die eindringende Lichtmenge Sie nicht blendet. Stellen Sie sich vor, das Licht küsse Sie wach. Wenn Ihnen danach ist, reiben Sie sich die Augen – genüsslich und bewusst.

› Lassen Sie in sich ein inneres Bild entstehen, wie die Sonne an diesem Tag ganz allmählich aufgeht.

› Heben Sie langsam einen Arm und stellen Sie sich dabei vor, dass aus Ihren Fingerspitzen Sonnenstrahlen entspringen und den Raum um Sie herum erhellen. Malen Sie sich aus, wie sich das Licht ausbreitet und Sie der Sonne entgegenatmen.

In aller Frische aufwachen | **PRAXIS**

ⓛ Muskelwecker

› Legen Sie sich im Bett auf den Rücken und stellen Sie die Füße so auf, dass Ober- und Unterschenkel einen rechten Winkel bilden.

› Lenken Sie Ihre Aufmerksamkeit auf den Beckenbereich. Heben Sie, während Sie langsam einatmen, den Po so weit an, wie es Ihnen angenehm ist. Spüren Sie dabei, wie sich Ihre Oberschenkelmuskeln dehnen.

› Nach etwa 3 Sekunden lassen Sie sich, unterstützt von einem kräftigen Ausatmen, fallen.

› Kehren Sie in Ihren Gedanken zur aufgehenden Sonne zurück: Stellen Sie sich vor, wie Sie es ihr mit der Hebung des Beckens gleichtun.

› Wiederholen Sie die Übung 2-mal.

Ⓢ Erstes Strecken am Morgen

Beim Strecken am Morgen wird der natürliche Drang, sich nach der Nacht genüsslich zu räkeln, noch verstärkt.

› Strecken Sie Arme und Beine möglichst weit von sich und dehnen Sie sich wohlig.

› Lassen Sie dabei so viel Luft wie möglich an Ihren Körper (decken Sie sich auf und ziehen Sie, wenn Sie Lust haben, auch Ihren Schlafanzug aus) und spüren Sie nach: Es ist, als ob sich etwas in Ihnen öffnet, wenn die Luft sanft über Ihren Körper streicht.

Ⓐ Mit Genuss in den Tag

› Richten Sie Ihre Aufmerksamkeit jetzt auf angenehme Dinge, die Sie beim Aufstehen umgeben.

› Sehen Sie sich um. Gibt es in Ihrem Schlafbereich einen Blickfang, auf den Sie gerne schauen?

› Oder hören Sie vielleicht etwas Anregendes? Stellen Sie sich vor, dass die Vögel nur für Sie allein singen oder beginnen Sie selbst etwas zu summen oder zu singen.

› Können Sie erspüren, dass sich ein Teil Ihres Körpers beweglicher anfühlt als andere? Dann legen Sie Ihre Hand darauf und spüren Sie nach, wie geschmeidig sich Ihr Körper bewegt.

Ⓜ Das macht mutig!

› Wählen Sie sich einen Satz aus, der wie ein »Anlasser« beim Aufstehen in Ihnen Vorfreude auf den Tag aufkommen lässt:
»Ein Tag wie für mich geschaffen«
»Ich werde mich heute freundlich behandeln«
»Ein Tag voller Potenziale«
»Viele Möglichkeiten liegen vor mir«

› Wählen Sie sich aus den oben genannten Sätzen ein Motto für den Tag aus. Sie können sich solch einen Satz auf ein Kärtchen schreiben und auf Ihren Nachtschrank legen beziehungsweise so platzieren, dass er Sie den gesamten Tag über begleitet.

ENTSPANNUNGSFIXPUNKTE

Nach dem Aufstehen (2)

Wie sieht Ihre erste halbe Stunde nach dem Aufstehen aus? Neigen Sie dazu, Frust zu haben, oder geben Sie sich Raum für Genuss? Hier einige Ideen für die ersten Schritte des neuen Tages.

B Grund zum Aufstehen

> Während Sie noch auf der Bettkante sitzen, erspüren Sie für einen kurzen Moment den Boden unter Ihren Füßen und sagen sich »Auf festem Grund in einen guten Tag«.

A Aufgeweckter Atem

> Denken Sie an eine Katze, die das Erwachen nach einem Schläfchen genießt. Wenn Ihnen nach einem Gähnen zumute ist, lassen Sie es zu. Verfolgen Sie, welche Körperpartien sich dabei dehnen und strecken.

> Öffnen Sie ein Fenster – aber nur so, wie es Ihr Wärmebedürfnis zulässt. Nehmen Sie etwas von der Weite des Himmels in sich auf. Beobachten Sie, wie Sie die frische, klare Morgenluft tief einatmen.

> Denken Sie daran, welche Möglichkeiten Ihnen dieser neue Tag bieten kann. Breiten Sie die Arme aus und laden Sie den Tag quasi zu sich ein. Bleiben Sie dann noch eine Weile am (geöffneten) Fenster stehen und beobachten Sie Ihren Atem, indem Sie eine Hand auf den oberen Brustkorb legen und den Atembewegungen dort nachspüren.

! WICHTIG

BALSAM-EXTRA

Unmittelbar nach dem Aufstehen können Sie ein wenig mit der Wahrnehmung Ihrer Fußsohlen spielen, indem Sie sie mit einer kleinen Massage verwöhnen. Streichen Sie dafür mit der Hand über eine Fußsohle. Drücken Sie einmal auf die besonders weiche Stelle in der Mitte und verfahren Sie mit dem anderen Fuß ebenso. Laufen Sie anschließend einige Schritte barfuß durchs Zimmer und spüren Sie dabei nach, wie sich der Untergrund anfühlt.

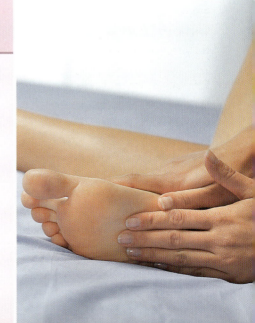

B Der »Noch-alles-dran«-Check

> Schauen Sie an sich herab. Spannen Sie eine Muskelpartie Ihrer Wahl stark an und lassen Sie dann ganz locker.
> Lockern Sie sich etwas und probieren Sie Ihre bereits vorhandene Beweglichkeit aus. Nehmen Sie wahr, wie Ihre Glieder »dienstbereit« sind.

S Sich wie eine Katze dehnen

> Tun Sie es Katze oder Hund gleich und recken Sie sich nach Herzenslust. Sie können Ihren Körper immer länger werden lassen, indem Sie auf die Zehenspitzen gehen und sich über die Arme und Finger nach oben dehnen.
> Nun verschränken Sie die Finger Ihrer Hände ineinander. Strecken Sie die Arme nach oben, drehen Sie die Handinnenseiten zur Zimmerdecke und dehnen Sie diese nach oben.
> Spüren Sie in sich hinein. Haben Sie vielleicht Lust, sich Gesicht, Hals und Nacken zu massieren?

A Erfrischendes nutzen

> Beim Anziehen nehmen Sie die Frische der Wäsche wahr. Streichen Sie über ein kuscheliges, sanftes Kleidungsstück. Schlüpfen Sie ganz bewusst in Ihre weichen, bequemen Schuhe.
> Im Badezimmer sollten Sie die Erfrischung des ersten Wassers, das Ihr Gesicht kühl und prickelnd berührt, bewusst genießen.

OFT GEFRAGT

> **Wie soll ich mich morgens entspannen, wenn ich ohnehin so früh aufstehen muss und deswegen noch müde bin?**

Bei der BALSAM-Entspannung geht es nicht darum, zusätzlich etwas zu tun, sondern den gewohnten Abläufen ausgeglichener, präsenter und genussvoller nachzugehen. Setzen Sie sich nicht unter Druck, alle Vorschläge zu berücksichtigen. Wählen Sie einige aus und lassen Sie diese einfach in Ihr persönliches Tagesgeschehen einfließen.

> Wenn Sie duschen, lenken Sie Ihre Aufmerksamkeit auf die Wirkung des wohl temperierten Wassers. Schnuppern Sie den Wohlgerüchen in Ihrem Bad nach und halten Sie vielleicht einmal kurz inne, wenn Sie den Geschmack von Zahnpasta oder Mundwasser wahrnehmen.
> Denken Sie beim Genießen wieder an eine Katze, die keine Gelegenheit auslässt, es sich gut gehen zu lassen.

M Ouvertüre der Balance

> Sagen Sie sich, wenn Sie etwas Wohltuendes verspürt haben: »So genüsslich kann es heute immer wieder zugehen« oder »Heute sehe ich im Alltäglichen das Wunderbare«.

ENTSPANNUNGSFIXPUNKTE

Auf dem Weg zur Arbeit (3)

Empfinden Sie die Zeit, die Sie für den Weg von zu Hause zur Arbeit brauchen, als vergeudet? Dann sollten Sie diesen Tagesabschnitt zu etwas Besonderem machen, indem Sie sich für wohltuende Sinnesreize öffnen, anstatt auf möglichen Problemen »herumzukauen«.

B Ausgeglichen voran
- Sagen Sie sich, während Sie aufbrechen »Ganz gelassen ans Werk«.

A Wie auf einer Sommerwiese
- Beobachten Sie unterwegs Ihren Atem. Stellen Sie sich vor, durch hohes Gras zu gehen. Nehmen Sie wahr, wie sich vor Ihnen ein Weg auftut und hinter Ihnen wieder schließt.
- Spüren Sie in sich hinein, wie viel Raum der Atem in Ihrem Körper hat.

Verändert sich Ihr Atem, wenn Sie sich Ihrer Arbeitsstelle nähern?

- Wenn Sie unterwegs kurz warten müssen, etwa an der Ampel, prüfen Sie die Durchlässigkeit Ihrer Nase. Strömt die Luft durch ein Nasenloch besser als durch das andere?
- Wenn Sie unterwegs länger warten müssen, sollten Sie sich auch die Tipps für das Warten ansehen, die Sie auf Seite 62/63 finden.

L Muskeln aufspüren
Auch auf dem Weg zur Arbeit können Sie dafür sorgen, dass in Ihrem Körper das Verhältnis von Anspannung und Entspannung ins Gleichgewicht kommt.

- Spannen Sie immer wieder eine Muskelpartie kräftig an. Wenn Sie unterwegs stehen bleiben, können Sie Ihre Beine anspannen und durchdrücken.
- Die Anspannung 3 Sekunden halten, locker lassen, normal weitergehen.

S Die Schultern dehnen
Setzen Sie das morgendliche Räkeln noch ein wenig fort, indem Sie während des Gehens oder der Autofahrt mit der Beweglichkeit Ihrer Schultern spielen.

- Strecken Sie Ihre Schultern zur Seite, dann nach vorn und hinten, nach oben und unten.

INFO — BALSAM-EXTRA

Achten Sie darauf, welche Menschen Ihnen am Morgen begegnen. Gibt es vielleicht einen freundlichen, bestätigenden Blick, einen Händedruck oder anderen angenehmen Körperkontakt? Lassen Sie diesen Eindruck nachklingen.

Auf dem Weg zur Arbeit — PRAXIS

> Kreisen Sie mit den Schultern 3-mal nach vorn und ebenso oft nach hinten. Spüren Sie, wie sich dadurch auch die Beweglichkeit des Kopfes erhöht.
> Nun drehen Sie den ganzen Oberkörper zur Seite, so als ob Sie sich umsehen wollten. Gehen Sie dabei nur so weit, wie es sich gut anfühlt.
> Oder achten Sie auf die Gewichtsverlagerung beim Gehen und spielen Sie ein bisschen damit: Spüren Sie der Be- und Entlastung der Füße nach.

Wenn Sie angekommen sind, tut eine seitliche Dehnung im Stehen gut:

> Stellen Sie sich breitbeinig hin und beugen Sie das linke Bein. Dadurch verlagert sich Ihr Schwerpunkt nach links unten, das rechte Bein bleibt gestreckt, die Fußsohle steht auf dem Boden. Spüren Sie, wie sich die Muskeln an der Innenseite des Oberschenkels anspannen.
> Bewegen Sie Ihren Körper nach rechts, ohne dabei die Stellung der Füße zu verändern. Nehmen Sie die Dehnung der anderen Seite wahr. Spüren Sie den Boden unter Ihren Füßen – den Ort, an dem Sie die nächsten Stunden verbringen werden.

A Genussmomente

Jeder Moment Ihres Lebens bietet Ihnen die Gelegenheit, gegenwärtiger zu leben.

Beobachten Sie, was Ihren Weg säumt. Testen Sie dabei die verschiedenen Sinne:

> Gibt es etwas Blühendes zu sehen oder gehen Sie an einem besonders schönen oder skurrilen Baum vorbei?
> Welche anderen interessanten Farben und Formen fallen Ihnen auf?
> Weht ein warmer Luftzug, liegt ein angenehmer Geruch in der Luft oder können Sie im Moment interessante Naturgeräusche hören?

M Motiviert an die Arbeit

> Wie wäre es mit folgender Aussage: »Auch wenn ich heute nicht den Bauch voller Schmetterlinge habe – ein Flügelschlag der Leichtigkeit ist allemal möglich«. Dementsprechend können Sie für diesen Tag festhalten »Ein guter Tag liegt vor mir«.

OFT GEFRAGT

> Ich arbeite zu Hause und schlittere so in den Arbeitstag hinein. Wie kann ich eine Art Übergang finden?

Wichtig ist, dass Sie sich des Übergangs von der Privatzeit zur Arbeit bewusst werden. Den meisten Menschen hilft es bereits, wenn Sie vor Arbeitsbeginn ein paar Schritte vor die Tür getan haben.

INFO

Längere Arbeitsphasen bewältigen (4)

Wer über mehrere Stunden ohne Pause durchpowert, merkt irgendwann, dass die Konzentration nachlässt. Und das ist ganz normal. Doch Sie können dem Leistungsknick vorbeugen, indem Sie etwa jede Stunde eine BALSAM-Minute einlegen.

B Entspannungsinseln
> Spätestens wenn die ersten Anzeichen von Nervosität und Unkonzentriertheit aufblitzen, sagen Sie sich »Auftanken ist dran«.

A Atmen wie ein Segel im Wind
> Konzentrieren Sie sich auf Ihren Atem. Stellen Sie sich ein Segelboot vor, das unter vollen Segeln über die Wasseroberfläche gleitet. Sie sitzen entweder im Boot oder beobachten es.

> Legen Sie beide Handflächen auf den Bereich zwischen Schulter und Hals und streichen Sie von dort aus in Richtung Bauchmitte.

> Wiederholen Sie diesen Vorgang 5-mal. Wie passt sich das Streichen Ihrem Atemrhythmus an? Haben Sie guten Kontakt zu Ihrem Atem? Was verändert sich von Mal zu Mal?

L Zurücklehnen und ausschütteln
> Verschränken Sie die Hände hinter dem Kopf und drücken Sie die Ellbogen so weit wie möglich auseinander. Beugen Sie gleichzeitig den Oberkörper etwas nach hinten und halten Sie die Spannung etwa 3 Sekunden.

> Lösen Sie mit einem sanften Ausatmen die Spannung im Oberkörper und den Armen. Welche Körperteile sind jetzt locker und welche sind eventuell

---

WICHTIG!

BALSAM-EXTRA FÜR LANGE ARBEITSPHASEN

Auch wenn Arbeitsphasen eher gleichförmig erscheinen, bieten sie meist kleine »Einschnitte«, die Sie nutzen sollten um sich aufzulockern.
> Wenn das Telefon klingelt, gehen Sie nicht sofort ran, sondern lassen ein weiteres Klingelzeichen zu. Währenddessen atmen Sie tief und bewusst ein.
> Beim Wechseln des Computerprogramms können Sie Ihre Körperhaltung, zumindest jedoch Ihre Sitzposition verändern. Besser ist es, sich kurz hinzustellen, wenn Sie länger gesessen haben. Und noch lockerer werden Sie, wenn Sie ein paar Schritte gehen und erst dann wieder an Ihren Arbeitsplatz zurückkehren.

Längere Arbeitsphasen bewältigen **PRAXIS**

Lockern: auf etwa 3 Sekunden Anspannung folgt mit einem Ausatmen die Entspannung, die durch Ausschütteln der Arme noch verstärkt wird.

noch verspannt? Wiederholen Sie die Übung bei Bedarf noch 1-mal.

> Runden Sie diese Übung ab, indem Sie Ihren Stress im wahrsten Sinne des Wortes von Ihrem Körper abschütteln. Schütteln Sie zuerst Ihre Arme kräftig, danach sind noch einmal extra die Hände dran. Stellen Sie sich dabei vor, wie belastende Gedanken und Gefühle über die Fingerspitzen den Körper verlassen.

> Unterstützen Sie das Ausschütteln, indem Sie laut hörbar und kräftig ausatmen. Vielleicht entlädt sich dabei auch der eine oder andere laute Seufzer oder ein Gähnen.

> Wer noch mehr Anspannung loswerden möchte, fährt mit dem Ausschütteln der Beine fort. Dafür mit dem Ausschütteln der Oberschenkel und der Waden beginnen und schließlich den Fuß ausschütteln.

S Alles von sich strecken

> Strecken Sie beide Arme nach oben. Gehen Sie mit Ihrer Aufmerksamkeit vom Bauch bis in die Fingerspitzen.

> Umfassen Sie nun mit einer Hand das Handgelenk der anderen und ziehen den Arm so weit wie möglich über den Kopf hinaus. Spüren Sie nach, wie sich die Dehnung in den Oberarmen und dem Oberkörper anspürt.

> Wechseln Sie den Griff und wiederholen Sie die Dehnübung.

A Alltagsaufheller

> Überlegen Sie: Was ist Ihnen heute an Positivem begegnet, ohne dass Sie es wirklich als solches wahrgenommen haben? Das Lächeln eines Kindes, Sonnenstrahlen oder vielleicht ein guter Geschmack auf der Zunge …

> Lassen Sie diese Eindrücke noch einmal in Ihrer Vorstellung mit möglichst vielen Sinnen Revue passieren.

M Keine Wüste ohne Oase

> Versichern Sie sich im Laufe des Arbeitstages immer wieder nachdrücklich »Ich bestimme, ob es ein guter Tag wird« und »Manches kann ich abschütteln«.

Erinnerungen erschnuppern entspannt.

Vor oder nach einer schwierigen Aufgabe (5)

Heutzutage muss es oft Schlag auf Schlag gehen: Gerade ist das eine Problem gelöst, wartet schon das nächste. Deshalb ist es besonders wichtig, zwischen zwei Aufgaben neue Kräfte zu sammeln.

B Zu sich kommen

- Bevor Sie sich dem nächsten Arbeitsschritt zuwenden, kommen Sie mit »Erst einmal durchatmen« zu sich.

A Aufatmen

- Achten Sie nun darauf, sich ausreichend Zeit zum Ausatmen zu nehmen. Stellen Sie sich dabei einen Ball vor, der auf einer Wiese allmählich ausrollt (Ihr Ausatmen), bis er zum Stehen kommt (Ihre Atempause), um dann erneut bewegt zu werden (Einatmen).

- Legen Sie die Hände jetzt mit gespreizten Fingern auf die Hüften. Bewegen Sie die Hände einige Male so vor und zurück, dass sich die Finger oben auf der Bauchdecke fast berühren. Diese Bewegung erinnert an ein Sägen. Achten Sie darauf, wo Sie jetzt Ihre Atembewegungen spüren.

L Die Anspannung ausschütteln

Schütteln Sie die Anspannung, die sich während des Arbeitens in Ihnen angestaut hat, aus sich heraus.

- Suchen Sie im Stehen mit gegrätschten Beinen einen festen Stand.
- Drehen Sie Ihren Oberkörper in den Hüften so nach rechts und links, dass sich Ihr gesamter Oberkörper bewegt. Schlenkern Sie mit herunterhängenden Armen schwungvoll hin und her. Gehen Sie dabei etwas in die Knie.

S Neue Spannung aufbauen

- Strecken Sie im Stehen beide Arme nach oben und richten Sie sich gerade auf. Senken Sie Arme und Oberkörper mit geradem Rücken langsam so weit ab, bis Ihre Finger fast den Boden berühren. Dann lassen Sie den Oberkörper hängen.
- Richten Sie nun Ihren Oberkörper wieder langsam Wirbel für Wirbel auf und spüren Sie der Aufrichtung nach. Nehmen Sie die Arme wieder nach oben.

Vor oder nach einer schwierigen Aufgabe — PRAXIS

- Legen Sie Ihre Hände auf die Hüften und suchen Sie erneut einen festen Stand. Bewegen Sie nun gleichzeitig die Hüften nach vorn und die Schultern nach hinten, sodass Ihr Körper einen Bogen bildet. Wichtig: Den Kopf in Verlängerung der Wirbelsäule halten und auf den Atem achten.
- Stellen Sie sich vor, dass Sie gespannt sind wie ein Bogen, der einen Pfeil auf einen weiten Weg schicken kann. Spüren Sie die Spannung und gehen Sie so Ihr nächstes Projekt an.

A Den Alltag aufhellen

Wussten Sie, dass wir über den Geruchssinn Erinnerungen am längsten speichern können? Wenn Sie durch einen ganz bestimmten Geruch an etwas erinnert werden, das schon lange zurückliegt, sollten Sie nicht einfach darüber hinweggehen.

- Schnuppern Sie, wonach die Luft, die Sie umgibt, riecht: Gibt es bereits etwas Erfrischendes oder ist es jetzt vielleicht gerade Zeit zum Lüften?
- Haben Sie an einer Blume in Ihrer Umgebung noch nicht gerochen?
- Befindet sich etwas Wohlriechendes in Ihrer Nähe? Das können Früchte oder andere Leckereien, Säfte, Kosmetika, Parfüm oder Duftöle sein.
- Saugen Sie den interessanten Geruch in sich auf und spüren Sie ihm an den Nasenwänden nach. Lassen Sie den Geruch nachklingen – so als könnten Sie ihn in der Nase festhalten.

M Bereit gemacht

- Runden Sie die Kurzentspannung mit den Worten ab »Ich bin angenehm gespannt und bereit für das, was in der nächsten Stunde passieren wird«.

BALSAM-EXTRA: DEN STRESS EINFACH ABSTREIFEN

Sie haben das Gefühl, dass der Stress einfach nicht von Ihnen abfallen will?
- Krempeln Sie Ihre Ärmel hoch. Nun streichen Sie mit den Fingerspitzen der linken Hand langsam über die Unterseite des rechten Unterarms. Arbeiten Sie sich von oben bis zur Handfläche und schließlich zu den Fingerspitzen vor.
- Schütteln Sie die rechte Hand aus und stellen Sie sich vor, dass Sie etwas abstreifen. So lange wiederholen, bis Sie eine Erleichterung spüren.
- Streichen Sie über den rechten Arm, doch diesmal von den Fingerspitzen über die Hand bis zur Ellenbeuge. Stellen Sie sich vor, wie Kraft in Sie hineinfließt.
- Dann mit dem linken Arm ebenso verfahren. So lange wiederholen, bis Sie sich für die nächste Aufgabe ausreichend gestärkt fühlen.

! WICHTIG

Kurz vor Feierabend (6)

Gerade wenn es auf den Feierabend zugeht, heißt es für einige, die Zähne zusammenbeißen und durchhalten – auch wenn man am liebsten jetzt schon aufhören würde. Hier etwas zur Stärkung.

B Einstimmung
> Sagen Sie sich eindringlich »Kräfte sammeln tut gut«.

A Schwimm-Atemzüge
> Stellen Sie sich vor, wie das Wasser eines kristallklaren Sees Sie umfängt. Sie machen mit Leichtigkeit einige Schwimmzüge und atmen dabei tief und gleichmäßig ein und aus.
> Jetzt verschränken Sie beide Hände und legen Sie an Ihren Hinterkopf. Die Ellbogen zeigen nach vorn.
> Strecken Sie die Ellbogen so weit wie möglich zur Seite, wodurch es zu einer leichten Dehnung in den Achselhöhlen kommt. Danach nehmen Sie die Ellbogen wieder ganz locker nach vorne. Die Abfolge etwa 5-mal wiederholen.
> Die Bewegung kann sich wie ein Flügelschlag anfühlen. Beobachten Sie, wie sich Ihr Atemrhythmus dazu verhält. Wo verspüren Sie die Atembewegungen am deutlichsten?

L Ballast abwerfen
> Stellen Sie sich vor, dass Sie einen schweren Rucksack tragen. Um das Gewicht besser halten zu können, spannen Sie Ihre Schultermuskeln an und drücken die Schultern nach unten und vorn. Denken Sie dabei noch einmal an Probleme, mit denen Sie heute schon zu tun hatten.

OFT GEFRAGT

> **Wie häufig sollte ich einen Übungsbaustein durchlaufen?**

Wenn nicht anders angegeben, reicht es aus, die Übung einmal zu durchlaufen. Wenn das angestrebte Gefühl danach noch nicht zu spüren ist, können Sie die Übung ein- bis zweimal wiederholen.

> **Wenn ich angespannt arbeite, kommt mir BALSAM nicht in den Sinn. Gibt es eine Möglichkeit, daran erinnert zu werden?**

Wenn Sie Ihre Körperhaltung ändern, gähnen oder seufzen, erinnert Ihr Körper Sie daran, dass Sie ihn wahrnehmen sollten. Sie können sich aber auch Erinnerungsstützen schaffen: Verändern Sie Ihre Arbeitsumgebung so, dass Sie immer wieder an all die Möglichkeiten zum Wohlfühlen erinnert werden.

**AUF EINEN BLICK:
DEN STRESSPEGEL SENKEN**

Wenn sich lange Arbeitsphasen nicht vermeiden lassen, hilft BALSAM zumindest, Stress zu reduzieren:
- Unterstützen Sie mit leichtem Streichen die Wahrnehmung Ihrer Atemschwingungen.
- Um bisherige Anspannungen so weit wie möglich zurückzulassen, schütteln Sie sich mit schwungvollen Bewegungen aus (siehe Seite 56).
- Dehnen Sie Ihren Oberkörper in verschiedene Richtungen.
- Sorgen Sie an Ihrem Arbeitsplatz für genüssliche Reize, wie etwa durch kaltes Wasser.
- Entdecken Sie, wie Sie lange Arbeitsphasen auflockern können (siehe dazu Seite 54/55).

WICHTIG

- Kreuzen Sie nun die Arme vor der Brust. Unterstützt durch ein Stöhnen schleudern Sie Ihre Arme ruckartig nach hinten und stellen sich vor, wie Sie dabei den Rucksack abwerfen.
- Drehen Sie nun die Schultern nach hinten und streichen Sie mit den Händen so lange über den Oberkörper, bis Sie eine Erleichterung verspüren.

S Oberkörperdehnung
- Strecken Sie die Arme seitlich aus und drehen Sie den Oberkörper so zur Seite, dass zuerst der eine Arm und dann der andere nach vorn zeigt. Den Kopf dabei vorsichtig in die entgegengesetzte Richtung drehen. 8 Sekunden drehen und dabei der Dehnung nachspüren und auf den Atem achten.

A Den Alltag aufhellen
- Machen Sie sich auf die Suche nach einem belebenden Reiz. Dafür können Sie etwas ganz langsam und genießerisch trinken. Tun Sie es in dem Gefühl, dass sich in Ihnen etwas reinigt.
- Öffnen Sie das Fenster und spüren Sie, wie die frische Luft Ihr Gesicht umstreicht und kühlt.
- Gehen Sie zum nächsten Wasserhahn und lassen Sie das kühle Wasser über die Stelle laufen, die am dringendsten Erfrischung braucht (Arme, Stirn, ganzes Gesicht, Hals).

M Wie aufgeladen
- Sagen Sie sich »Den Rest bewältige ich auch noch gut« oder »Ich werde mir heute noch etwas Gutes tun«.

ENTSPANNUNGSFIXPUNKTE

> Machen Sie aus lästigen Gängen einen Riesenschritt in Richtung Entspannung.

Über-Gänge (7)

Es ginge uns besser, wenn wir mehr zu Fuß gingen und dabei die Gelegenheit nutzten, zu uns zu kommen. Überlegen Sie: Haben Sie beim Wechsel von einem Arbeitsschritt zum anderen einen kleinen Weg zurückzulegen?

B Sich regen bringt Segen

> Während Sie durch Ihren Alltag gehen, sagen Sie »Ich fühle den Schwung des neuen Tages«.

A Im Gehen den Atem erspüren

> Achten Sie beim Gehen auf Ihren Atem. Stellen Sie sich vor, Sie laufen fast schwerelos über eine wunderschöne Wiese, springen über einen kleinen Wassergraben und landen sanft auf der anderen Seite.

> Gehen Sie weiter und beobachten Sie dabei Ihren Atem: Wie verändert er sich, wenn Sie eine Treppe hinaufsteigen, wenn es bergab geht oder wenn Sie gegen Wind ankämpfen müssen?

> Suchen Sie Ihr Atemzentrum in Ihrem Bauch und legen Sie die Hand darauf. Streichen Sie mit beiden Händen von diesem Punkt aus strahlenförmig in alle Richtungen. Wie wirkt sich das Ausstreichen auf den Atem aus?

L Das Gewicht verlagern

> Halten Sie beim nächsten Schritt inne und verlagern Sie Ihr Gewicht auf ein Bein. Strecken Sie es dabei ganz durch und spannen Sie die Muskeln an. Die Spannung 3 Sekunden halten.

> Während Sie Ihr Gewicht auf das andere Bein verlagern, lassen Sie das entlastete Bein ganz locker und spüren der Entspannung nach.

> Nun spannen Sie auch das andere Bein für einige Sekunden an. Lassen Sie auch hier wieder locker und spüren Sie nach. Die Beine ausschütteln.

S Waden dehnen und strecken

Diese Übung macht Ihren Gang insgesamt dynamischer, kraftvoller und zugleich leichter und fördert die Durchblutung Ihrer Beine.

> Bleiben Sie mitten im Laufen stehen. Stellen Sie ein Bein ein Stück nach

Über-Gänge **PRAXIS**

vorn und beugen Sie es. Nehmen Sie das andere Bein gestreckt ein kleines Stück nach hinten zurück.

› Drücken Sie die Ferse vorsichtig zum Boden und spüren Sie dabei die Dehnung auf der Rückseite der Wade. Wechseln Sie die Seite und atmen Sie in die Dehnung hinein.

A Im Vorbeigehen auftanken

Welche stärkenden Reize stehen für Sie bereit, während Sie von einer Aufgabe zur nächsten gehen? Führt Ihr Weg Sie nach draußen oder gibt es am Fenster viel zu sehen, hören, riechen und spüren.

› Suchen Sie sich zuerst ein sehr nahes, dann ein fast unerreichbar fernes Objekt. Wenn die Sonne zu sehen ist, schließen Sie kurz die Augen und stellen sich vor, wie die Strahlen Ihr Gesicht berühren.

› Doch auch die anderen Sinnesorgane können für einen kleinen Genuss auf Empfang gestellt werden. Riecht die Luft in dem Raum, den Sie eben betreten haben, vielleicht anders?

› Können Sie an irgendetwas schnuppern? Wollen Sie etwas trinken oder knabbern? Fühlt sich im neuen Raum etwas ganz anders an als vorher (z. B. der Boden, das Raumgefühl)?

M Wegweiser

› Stellen Sie für sich fest »Ich komme gut weiter«.

BALSAM-EXTRA: ÜBERGÄNGE SINNVOLL NUTZEN

WICHTIG

Wir neigen dazu, alle vermeintlich unnötigen Übergänge wegzurationalisieren, da sie Zeit kosten. Tatsächlich aber brauchen wir diese Nahtstellen, um fit durch den Tag zu kommen. Hier einige Tipps für Ihre Übergänge:

› Bewegen Sie sich auch während der Schreibtischarbeit mehr. Legen Sie absichtlich einige Schriftstücke außerhalb Ihrer Reichweite. Stehen Sie auf, um sich etwas zu holen, anstatt mit dem Stuhl hin- und herzurollen.

› Nutzen Sie Routine-Gänge nicht dazu, um über Probleme nachzugrübeln. Seien Sie stattdessen ganz bei sich, um so ein wenig zu relaxen. Reservieren Sie sich ganz bewusst einige Wege dafür.

› Lassen Sie den Lift Lift sein und benutzen Sie die Treppe. Schöpfen Sie Ihr Gehen aus und bekommen Sie so ein Gefühl für Ihre Lebendigkeit.

› Gehen Sie aufmerksam, indem Sie Ihre Schritte beobachten. Ihr Gehen kann – wie Ihr Atem – widerspiegeln, wie angespannt oder entspannt Sie sind.

> Die Zeit nutzen anstatt zu verzweifeln – das clevere Motto der BALSAM-Kenner.

In einer Schlange warten (8)

Stehen Sie gern in der Schlange? Wahrscheinlich nicht! Doch zu welcher Schlangen-Gruppe gehören Sie: zu denen, die zwischen verschiedenen Warteschlangen hin- und herpendeln und dann doch keine Zeit gewinnen, oder zur Gruppe der – zumindest äußerlich – Geduldigen? Dabei ist es möglich, auch eine erzwungene Wartezeit wertvoll zu gestalten.

B Darüber hinaus schauen

- Sagen Sie sich »Ich bin ganz da, das sture Warten überlasse ich anderen«.

A Bis in den Boden atmen

- Stellen Sie sich beim Nachspüren Ihres Atems einen langen Güterzug vor.
- Grätschen Sie Ihre Beine leicht und federn Sie in den Knien nach, etwa so, als würden Sie mit Leichtigkeit auf Skiern den Berg hinunterfahren.
- Nehmen Sie nun den Boden unter Ihren Füßen wahr und versuchen Sie zu erspüren, wie das Gewicht Ihres Körpers über die Füße auf den Boden drückt und Ihnen so Halt verleiht. Fühlen Sie sich von der Erde getragen. Haben Sie ein Gefühl dafür, wohin Ihr Atem jetzt geht?

L Ganz geerdet

- Machen Sie sich bewusst, dass Sie nicht nur auf Ihren Füßen stehen, sondern auch vom Boden gehalten werden, auf dessen Tragfähigkeit Sie vertrauen. Spüren Sie, mit welchen Teilen Ihrer Füße Sie gerade besonders intensiven Bodenkontakt haben.
- Bewegen Sie die Zehen hin und her und ziehen Sie sie etwas an, sodass Ihre Füße unten einen Hohlraum

In einer Schlange warten — PRAXIS

bilden. Halten Sie die Spannung mindestens 3 Sekunden und lassen Sie die Zehen dann plötzlich locker.
> Erspüren Sie, wie die Verbindung zum Boden jetzt noch zu fühlen ist – nicht nur in den Füßen, sondern auch in den Unterschenkeln und Knien. Vielleicht spüren Sie auch noch in anderen Körperteilen, wie Sie getragen werden.

S Halt finden
> Sie bleiben mit leicht gegrätschten Beinen stehen. Strecken Sie beide Beine gleichzeitig und nehmen Sie die Dehnung sofort wieder zurück. Mindestens 5-mal zwischen Anspannung und Entspannung hin- und herpendeln.
> Nehmen Sie ein Bein nach vorn und lassen es immer länger werden, indem Sie Ihren nur locker aufgesetzten Fußballen langsam nach vorn schieben. Wiederholen Sie die Übung mit dem anderen Bein. Achten Sie darauf, wie Ihr Atem mitschwingt.

A Im Geiste tanzen
> Sehen Sie sich doch einfach einmal um, ob um Sie herum interessante Farben zu sehen sind. Können Sie sich vorstellen, dass die Farben in Ihrer Umgebung zusammenfließen und gemeinsam ein Ballett aufführen?
> Überlegen Sie, für welche Schrittart Sie sich entscheiden würden, wenn Sie jetzt tanzen könnten? Wie würde das aussehen und sich anfühlen?

M Ein Ende in Sicht
> Sie sind nun bald an der Reihe und trotz allen Wartens anwesender und ausgeglichener als Ihre Leidensgenossen in der Warteschlange.
> Wählen Sie sich nun einen der folgenden Wahlsprüche aus:
> »Die Zeit arbeitet für mich«
> »Ich stehe zu mir«
> »Ich komme in der Gegenwart an«
> »Früher oder später werde ich mein Ziel erreichen«

BALSAM-EXTRA: GEDANKENSPIELE FÜRS WARTEN — ! WICHTIG

Beobachten Sie, während Sie mit anderen warten, das Geschehen um Sie herum einmal genauer und gehen Sie einigen Fragen nach:
> Was fange ich mit dem an, worauf ich warte? Wie sieht das wohl bei den anderen Wartenden aus?
> Wie geduldig warten die Einzelnen? Beobachten Sie, ohne zu bewerten.
> Welche anderen Situationen wird es in Ihrem Leben und dem der anderen Wartenden wohl noch geben, in denen Sie ebenfalls für etwas Schlange stehen müssen?

ENTSPANNUNGSFIXPUNKTE

Erzwungene Pausen akzeptieren (9)

Sie warten schon lange und nichts tut sich – offensichtlich wurden Sie versetzt. Oder Ihnen wird immer wieder versichert, es dauere nur noch einen Moment. Genau dann ist es wichtig zu wissen, dass Wartezeiten nicht nur Geduldsproben sind, sondern auch Raum für Neues und Entspannendes bieten – je nachdem, was Ihnen gerade durch den Kopf geht.

B Auf Zurücklehnen umschalten

- Stellen Sie sich vor, es gäbe an Ihnen einen Schalter, den Sie von »Ich ärgere mich über die Wartezeit« umschalten könnten auf die BALSAM-Entspannung und die dazugehörige Erkenntnis »Verlorene Zeit gibt es für mich nicht«.

A Vom Atem getragen

- Konzentrieren Sie sich auf Ihren Atem und denken Sie beim Ein- und Ausatmen an das Auf und Ab einer Schaukel auf einem Kinderspielplatz.
- Lenken Sie Ihre Aufmerksamkeit darauf, wie Ihr Po den Sitz berührt. Können Sie spüren, wie sich der Druck auf der Sitzfläche ein klein wenig verändert, wenn der Atem ein- und ausströmt? Wahrscheinlich haben Sie das Gefühl, Sie würden beim Einatmen von der Sitzfläche abheben, während Sie sich beim Ausatmen tragen lassen.
- An welchen anderen Stellen berührt Ihr Körper außerdem den Stuhl, vielleicht an der Rücken- oder Armlehne?
- Sagen Sie sich langsam »Ich bin getragen – und lasse mich tragen«. Wiederholen Sie diesen Satz für verschiedene Partien Ihres Körpers. Verfahren Sie

TIPP

WICHTIGES ZUM THEMA SITZEN

- Schlagen auch Sie gern Ihre Beine übereinander? Nicht gut, denn dadurch wird die Blutzirkulation eingeschränkt. Besser: die Füße nebeneinander mit der ganzen Fläche auf die Erde stellen und dabei gelegentlich daran denken, wie das Blut durch Ihre Beine strömt und Sie festen Bodenkontakt haben.
- Ideal: so häufig wie möglich die Sitzposition wechseln. Gewöhnen Sie sich am besten ein dynamisches Sitzen an. Drehen Sie Ihren Körper von Zeit zu Zeit ein wenig und reduzieren Sie damit das Risiko von Rückenverspannungen.
- Gehen Sie in Ihrer Aufmerksamkeit zu Ihrem Steißbein und von dort die Wirbelsäule entlang nach oben – Wirbel für Wirbel bis zum Hals und ganz hinauf zum Kopf. Wenn Sie sich ganz aufgerichtet fühlen, lehnen Sie sich zurück.

ebenso, wenn Sie wahrnehmen, wie Ihre Füße Bodenkontakt haben, und beobachten Sie dabei Ihren Atem.

L Hochziehen und getragen sein

- Greifen Sie mit beiden Händen unter die Sitzfläche Ihres Stuhles und ziehen Sie diese kräftig nach oben, während Sie mit Ihrem Gewicht dagegenhalten. Halten Sie die Spannung etwa 3 Sekunden und lassen Sie dann abrupt locker. Spüren Sie dem Getragensein intensiv nach.
- Wiederholen Sie diesen Ablauf 2-mal.
- Variieren Sie die Übung, indem Sie ein Buch oder eine Zeitschrift zwischen Ihre Knie klemmen und für ungefähr 3 Sekunden kräftig zusammendrücken. Lockern Sie die Anspannung und spüren Sie dabei nach, was sich in Ihrem Körper verändert hat.

S Beine dehnen und abheben

- Sie sitzen auf einem Stuhl und rutschen mit dem Po etwas in Richtung Stuhlkante. Spreizen Sie die gestreckten Beine so weit wie möglich. Achten Sie dabei darauf, den Kontakt zum Boden nicht zu verlieren. Dennoch sollten Sie das Gefühl haben, bereits ganz leicht abzuheben.
- Experimentieren Sie ein wenig mit der Leichtigkeit des Bodenkontakts und spüren Sie gleichzeitig der Beindehnung intensiv nach.

AUF EINEN BLICK

Die beiden vorhergehenden und diese BALSAM-Übungsfolge lassen sich unter dem Oberbegriff »Übergänge und Zwangspausen« zusammenfassen. Hier eine kleine Übersicht der wichtigsten BALSAM-Elemente:
- Lernen Sie von Ihrem Atem Gelassenheit. Stellen Sie sich vor, in den Boden oder einen Sitz hineinzuatmen.
- Mit der Muskelentspannung nehmen Sie kraftvoll Kontakt zum Untergrund auf.
- Dehnen Sie Ihre Beine, wo Sie gehen, stehen oder sitzen.
- Während Sie warten, überlegen Sie, worauf Sie nicht mehr warten müssen, weil es Ihnen längst zur Verfügung steht.

A Mit dem Tastsinn spielen

- Tasten Sie mit den Fingern über Gegenstände und spüren Sie, wie sich deren Oberfläche anfühlt. Wie viel Druck können Sie worauf ausüben?
- Stellen Sie sich vor, was Sie in Ihrem Leben schon ertastet oder bereits als kleines Kind »begriffen« haben.

M Das schafft Geduld

- Fassen Sie die Übungsfolge mit den Worten »Gelassenheit ist Trumpf« oder »Ich werde getragen« zusammen.

WICHTIG

ENTSPANNUNGSFIXPUNKTE

> Tür für Tür eine Sorge weniger – lassen Sie den Stress für kurze Zeit hinter sich.

Mittagspause (10)

Die Mittagspause fällt bei den meisten Arbeitnehmern genau in jene Zeit, in der – entsprechend dem Biorhythmus – bei vielen Menschen die Leistungsfähigkeit sinkt. Doch keine Sorge: Sie können diese Pause so verbringen, dass Sie danach gut weitermachen können.

B Pauseneinstieg

> Sagen Sie genüsslich »Meine wohl verdiente Pause nehme ich ganz«.

A Ausrollen mit den Atemphasen

> Nachdem Sie langsam ausgeatmet haben, atmen Sie in 3 kleinen Zügen ein, gerade so als wollten Sie schnuppern. Der nächste Ausatem erfolgt wiederum ohne Unterbrechung als gleichmäßiger Strom.

> Wiederholen Sie die Abfolge von Ausatmen und Schnuppern 3-mal. Beobachten Sie dabei die Bewegungen, die in und mit Ihrer Nase stattfinden.

> Fragen Sie sich: »Was möchte ich in den nächsten Minuten – abgesehen von der Luft – in mich aufnehmen?«

> Lassen Sie nun Ihren Atem ganz leicht hin- und herfließen. Stellen Sie sich beim Ausatmen eine riesige Sanduhr vor, in welcher der Sand völlig gleichmäßig rieselt. Spüren Sie dem »Rieseln« Ihres Atems nach.

L An der Tür etwas zurücklassen

> Während Sie in die Mittagspause gehen, durchschreiten Sie wahrscheinlich mehrere Türen. Versuchen Sie dabei, an jeder Tür etwas, das Sie belastet oder beschäftigt, in Gedanken zurückzulassen.

> An der ersten Tür rollen Sie die Schultern 3-mal nach hinten. An der zweiten Tür schütteln Sie Ihre Arme aus, an der dritten spreizen Sie die Finger.

S Nach Entspannung ausstrecken

> Legen Sie eine Hand leicht auf Ihren Kopf und spüren Sie Ihr Haar und vielleicht auch etwas von der Wärme und der Sensibilität der Kopfhaut.

> Stellen Sie sich vor, dass durch Ihre Körpermitte ein Faden läuft, der an Ihrem Scheitel austritt und der ganz allmählich hochgezogen wird.

Während Sie sich das vorstellen, richtet sich Ihr Körper immer mehr auf. Lassen Sie die Schultern sinken, richten Sie das Becken auf und lassen Sie Ihr Brustbein nach oben streben.
› Während sich nicht nur die Beine, sondern Ihr ganzer Körper immer weiter strecken, wandern Sie mit Ihrer Aufmerksamkeit durch Ihren Körper und spüren der Streckung nach.

A Wohlfühlreize sammeln

Eine Orientierung für Ihre persönliche Pausengestaltung sind drei Kriterien – die drei A's: Abstand, Ausgleich und Aktivität.

› **Abstand nehmen:** Schaffen Sie sich in Ihrem Denken möglichst viel Abstand von der Arbeit. Vermeiden Sie es, während Ihrer Pause mit Kollegen über berufliche Probleme zu sprechen, sondern lenken Sie Ihre Aufmerksamkeit stattdessen auf etwas anderes. Überlegen Sie, was um Sie herum wert ist, genossen zu werden.
› **Ausgleich schaffen:** Wie sahen die Anstrengungen des Vormittags aus? Schaffen Sie dazu ein Gegengewicht. Das beginnt damit, dass Sie Ihren Aufenthaltsort verändern, also einen engen Raum mit ein paar Minuten an der frischen Luft vertauschen. Nehmen Sie dabei ein Stück Weite in sich auf. Mit umso mehr Natur Sie in Kontakt kommen, umso besser, denn von ihr

INFO

DAS ALTERNATIVE NICKERCHEN

Was ist zu beachten, wenn Sie ein wenig schlafen wollen? Egal wie viel Zeit zur Verfügung steht, Ihr Schläfchen sollte nicht länger als 20 Minuten dauern, da die meisten Menschen danach in Tiefschlaf fallen und Schwierigkeiten hätten, gleich wieder hellwach zu sein. Probieren Sie aus, welche Auswirkungen ein Schläfchen auf Sie hat.

geht aller Reichtum und alle Entspannung aus. Gehen Sie darauf ein, was die jeweilige Jahreszeit Ihnen an Möglichkeiten bietet: Betrachten Sie die ersten Frühlingsboten oder die Herbstfarben des Laubs.
› **Aktiv sein:** Gerade für Kopfarbeiter ist es meistens genau das Richtige, sich in der Mittagspause zu bewegen. Überlegen Sie, welche Runden sich gut in der vorgegebenen Pausenzeit zurücklegen lassen. Wenn Sie Zeit und Gelegenheit haben, spricht nichts dagegen, sich an einem Fitnessgerät auszutoben. Achten Sie aber darauf, dass Sie nicht außer Atem kommen und nicht zu sehr schwitzen.

M Frisch ans Werk:
› Stellen Sie zum Abschluss Ihrer Mittagspause erleichtert fest »Erfrischt in die nächste Etappe«.

› Geschafft! Erfolg ist nicht selbstverständlich und sollte deshalb jedes Mal gewürdigt werden.

Teilerfolge feiern (11)

Denken Sie ab und zu eigentlich auch einmal über das nach, was Ihnen gut gelungen ist, oder fällt das unter die Rubrik »selbstverständlich«? Wenn Sie zur Gruppe derer zählen, die ihre (kleinen) Erfolge leicht übersehen, ist es höchste Zeit zu lernen, wie man diese mehr würdigt, denn nichts motiviert und stärkt mehr als ein Blick auf das Erreichte.

B **Mit Scharfsinn bilanzieren**
› Sagen Sie sich »Versteckte Erfolge – jetzt sehe ich euch«.

A **Den Atem ausrollen lassen**
› Lenken Sie Ihre Aufmerksamkeit nun auf Ihren Atem. Gehen Sie in Ihrer Vorstellung beschwingt einen kleinen Berg hinauf, von wo aus Sie den Ausblick genießen. Unten im Tal sehen Sie einen Fluss, der sich seinen Weg durch die Landschaft gebahnt hat. Wie fließt er? Rasch und gluckernd über Stromschnellen oder gemächlich in einem flachen Bett? Auf Ihrem inneren Bildschirm mündet der Fluss und damit Ihr Atemstrom in einen großen, ruhig daliegenden See.

L **Ihre persönliche Siegerpose**
› Winkeln Sie den rechten Arm an, ballen Sie die Hand zur Faust und winkeln Sie nun auch das Handgelenk ein wenig an. Nun spannen Sie die Faust und den Unterarm ganz fest an und lassen nach etwa 3 Sekunden locker.
› Spüren Sie der Entspannung und Ihrem Atem nach. Öffnen Sie die Hand und bewegen Sie sie so, als wollten Sie etwas Leichtes hochwerfen. Stellen Sie sich vor, wie das Geschaffte nun seinen Platz findet.

Teilerfolge feiern — PRAXIS

S Lang machen und wachsen
> Legen Sie die Handflächen vor der Brust aufeinander. Nun strecken Sie die Arme langsam nach vorn und lassen dabei die Arme immer länger werden. Spüren Sie der Streckung in den Oberarmen nach.

A Die Mini-Erfolgsparty

Feiern Sie Ihre erste Miniparty! Schon eine Ein-Minuten-Feier motiviert.

> **Wann ist die Party fällig?** Immer dann, wenn es reibungslos lief, also wenn ...
> ... Sie ungestört arbeiten konnten;
> ... Ihre technischen Hilfsmittel einwandfrei funktionierten;
> ... Ihre Vorschläge bereitwillig aufgegriffen wurden.

> **Wie kann man einen solchen Teilerfolg feiern?** Machen Sie ein kleines Ritual daraus, die erledigten Aufgaben auf Ihrer To-do-Liste genussvoll abzustreichen. Dann können Sie das Fenster feierlich öffnen und ganz bewusst die verbrauchte Luft heraus- und frische hineinlassen. Sie können auch ein Getränk mit besonderem Genuss trinken – als würden Sie sich selbst zuprosten. Oder Sie belohnen sich mit einem anderen kleinen Genuss.

> **Wo ist der richtige Ort für die Party?** Grundsätzlich überall – lassen Sie Ihrer Kreativität freien Lauf.

> **Allein feiern oder mit anderen?** Wenn Sie Gelegenheit haben, andere in die Kultur der Erfolgsfeier einzuweihen, sollten Sie das nutzen. Wer mit Ihnen arbeitet und lebt, kommt zwangsläufig mit Ihrem Frust in Berührung. Es ist im Gegenzug fair, denjenigen auch am Gelingen und der Freude darüber teilhaben zu lassen. Bedanken Sie sich durch Gesten oder Worte für die in angespannten Phasen aufgebrachte Geduld. Aber auch wenn Sie allein sind, können Sie jemanden Netten kurz anrufen um zu sagen, dass Sie einen guten Tag haben, und Ihrem Gesprächspartner das Gleiche wünschen.

M Wenn das nicht motiviert!

> Wählen Sie sich Ihren Favoriten aus den folgenden Top Ten aus:
> »Prima gemacht«
> »Alle meinten es gut mit mir«
> »Es stimmte einfach alles«
> »Ich bin ganz in meiner Kraft«
> »So tut es gut«
> »Das lasse ich mir gefallen«
> »Fantastisch, wenn alles gut läuft«
> »Das bringt mich in Schwung«
> »Das ging aber gut voran«
> »Ich greife jetzt auf gute Erfahrungen zurück«

> Benutzen Sie Ihren motivierenden Satz nicht nur als allgemeines Schlagwort. Denken Sie daran, was Sie ganz konkret erlebt haben.

ENTSPANNUNGSFIXPUNKTE

Der Weg nach Hause (12)

Wie erleben Sie den Weg in den Feierabend? Hoffentlich gelassen, denn hier werden die Weichen für die verbleibenden Stunden des Tages gestellt.

B Der Weg ist das Ziel
> Sagen Sie sich »Die Arbeit will auch mal in Ruhe gelassen werden«.

A Atemstille bewusst erleben
> Beobachten Sie Ihren Atem. Stellen Sie sich dabei vor, mit Skiern oder einem Schlitten einen schneebedeckten Hügel herunterzufahren. Denken Sie dabei an das, was Sie bis zum nächsten Morgen hinter sich lassen.
> Achten Sie darauf, wie zwischen Ein- und Ausatmen stets ein Moment der Stille eintritt, die so genannte Atemstille oder Atemleere. Machen Sie sich bewusst, dass Ihr Atem nicht ständig in Bewegung ist, sondern diese kleinen Pausen einlegt.
> Beobachten Sie, wie gelassen Sie innehalten und auf den nächsten Atemzug warten können.

L Etwas hinter sich lassen
> Beobachten Sie, welche markanten Punkte Sie auf Ihrem Nachhauseweg passieren. Das kann eine Tür sein, das Ins-Auto-Steigen, der Eingang zur U-Bahn oder wenn Sie das Ortsausgangsschild Ihres Arbeitsortes passieren. Lassen Sie bewusst Ihren Arbeitsplatz hinter sich.
> Diesen Vorgang können Sie körperlich noch unterstützen, indem Sie die Hände zu Fäusten ballen und wieder öffnen. Oder Sie legen die Hände in den Nacken und lassen den Kopf ein klein wenig zurückfallen. Schütteln Sie im Anschluss entweder einen oder beide Arme kurz aus.

S Sich ganz zurücklehnen
> Strecken Sie sich nach hinten und stimmen Sie sich so auf das Zurücklehnen ein. Spüren Sie dabei die Spannung in den Muskeln des Brustbereichs.
> Strecken Sie sich beim Gehen nach Belieben in verschiedene Richtungen. Vielleicht sind Sie auch so locker und gelöst, dass Sie Ihren Bewegungen etwas Beschwingtes geben können.

Die U-Bahn-Station betreten? Schon wieder ein belastender Gedanke weniger!

OFT GEFRAGT

> Was kann ich tun, wenn ich sehr abgespannt von der Arbeit nach Hause komme und dort die Erwartungen meiner Familie so hoch sind, dass ich mich überfordert fühle, sobald ich über die Schwelle trete?

Nach anstrengenden Arbeitstagen kann es hilfreich sein, die Übergangsphase etwas zu verlängern. Unterbrechen Sie dazu die Fahrt nach Hause und gönnen Sie sich etwas Besonderes. Das kann ein Mini-Waldspaziergang, aber auch eine Tasse Kaffee sein. So stolpern Sie nicht nahtlos von einer Anstrengung in die nächste.
Oder Sie strukturieren Ihre Ankunft zusammen mit Ihrer Familie. Sprechen Sie genau ab, wer wann welchen Bedürfnissen nachgehen kann. Mithilfe solcher Vereinbarungen und Rituale können Sie sich das tägliche Tauziehen ersparen.

INFO

> Umfassen Sie mit der rechten Hand die Außenseite Ihres rechten Oberschenkels. Lassen Sie die Hand hin- und herwandern und spüren Sie, wie sich Ihre Muskeln und Sehnen beim Gehen an- und entspannen. Machen Sie sich bewusst, dass diese Muskeln Ihnen das Stehen und Gehen erst ermöglichen. Wechseln Sie die Seite.

A Den Hammer fallen lassen

Um einen klaren Schlussstrich unter Ihren Arbeitstag zu ziehen, sollten Sie ihn mit einem kleinen Ritual beenden.

> Das Ritual kann so aussehen, dass Sie das Abschalten des Computers mit einer bestimmten Geste zelebrieren, stets die gleichen Utensilien wegräumen oder den Anrufbeantworter einschalten. Unterstützen Sie diese Handgriffe durch kräftiges Ausatmen.

> Sie können überlegen, ob es am morgigen Arbeitstag ein kleines Highlight gibt, auf das Sie sich freuen können.

> Suchen Sie sich unbedingt markante Punkte, die Ihnen helfen, während des Übergangs zwischen Arbeit und Feierabend auf Freizeit umzuschalten und in die Entspannung hineinzugleiten.

> Wenn Sie im gleichen Haus arbeiten und wohnen, sollten Sie nach der Arbeit zumindest einmal ums Haus gehen und erst nach Ihrer »Heimkehr« den Feierabend antreten.

> Achten Sie wie auch beim Weg zur Arbeit (siehe Seite 52/53) auf Reize, die vom verschwenderischen Reichtum der Natur zeugen.

M Glückliches Ankommen

> Stellen Sie fest »Ich darf ankommen« oder »Ich kann mich für Zufriedenheit entscheiden«.

Feierabend (13)

Sie wollen einen entspannten Feierabend erleben, am besten mit dem Gefühl, alle Zeit der Welt zu haben? Das gelingt, indem Sie sich Freiräume schaffen, alle weiteren Verpflichtungen auf frühestens morgen verschieben und Störungen so weit wie möglich ausschließen.

E Einstimmung

- Leiten Sie diese Phase ein, indem Sie ganz gedehnt folgende Worte aussprechen »Feier-abend, Frei-zeit, Freiheit, zu-frieden«.

A Ruhepol Atem

- Legen Sie die Fingerspitzen der beiden Hände aufeinander und üben Sie etwas Druck aus. Stellen Sie sich dabei vor, wie das Blut durch Ihre Adern pulsiert, und tasten sich mit Ihrer Aufmerksamkeit durch Ihren Körper.
- Konzentrieren Sie sich auf die Vorstellung, wie das Blut als warmer Strom durch Ihren Körper fließt. Spüren Sie eine kleine Bewegung unter der Haut? Bemerken Sie ein leichtes Kribbeln an Ihren Fingerspitzen?
- Vielleicht spüren Sie, dass sich einer Ihrer Arme besonders schwer anfühlt. Lassen Sie von dort aus die Entspannung in den Bauchraum ausstrahlen – ganz so, als ob etwas dorthin abfließt und sich warm ausbreitet.

L Die Dinge frei geben

- Nehmen Sie einen stabilen Gegenstand und umfassen Sie ihn noch fester und kraftvoller als vorher. Nach 3 Sekunden lösen Sie die Verbindung und legen den Gegenstand ab.
- Spüren Sie der Entspannung in Ihrem Körper nach. Streifen Sie mit Ihrer Aufmerksamkeit auch den Atem.
- Denken Sie daran, dass Sie um die Dinge, die um Sie herum existieren, nicht ängstlich besorgt sein müssen. Nehmen Sie verschiedene Dinge in Ihrer Griffweite locker in die Hand und lassen Sie sie wieder los.

S Total gestreckt

- Gehen Sie auf einer weichen Unterlage am Boden oder auf einer Liege in den Fersensitz und kauern Sie sich aufrecht hin – fast so, als wollte man eine Schachtel über Sie stülpen.
- Beginnen Sie nun, sich ganz langsam zu weiten. Fangen Sie mit den Fingern und Zehen an, die Sie bewegen und abspreizen, und richten Sie nun den Rücken auf. Dann kommt der Hals an die Reihe. Nehmen Sie nun die Beugung der Arme und Beine zurück.
- Sie können sich dabei auf den Rücken rollen – wie es Ihnen angenehm ist.
- Stellen Sie sich dabei vor, wie Schnüre oder Seile, mit denen Sie in Ihrer Fantasie gefesselt waren, nun wie Bindfäden von Ihnen abfallen.

Feierabend **PRAXIS**

> Während Sie sich lang ausstrecken, gehen Sie mit Ihrer Aufmerksamkeit von den Fußsohlen durch Ihren gesamten Körper bis zur Kopfhaut. Denken Sie darüber nach, wie viele Wege dabei möglich sind.
> Überlegen Sie auch, was sich in Ihrer Gefühlswelt verändert, wenn Sie sich wie beschrieben strecken. Können Sie sich jetzt auch aus einer inneren Verkrümmung lösen?

A Eine Wellness-Oase schaffen

> **Die Mahlzeit zelebrieren:** Jetzt können Sie essen und trinken, ohne dabei ständig zur Uhr schauen zu müssen. Es lohnt sich ein kleines Ritual, das der Situation angemessen und dabei nicht zu aufwändig ist, wie etwa das Anzünden einer Kerze. Essen Sie langsam und genussvoll. So kann sich anstatt eines unangenehmen Völle-Gefühls ein angenehmes Fülle-Gefühl breit machen.
> **Kerzenzauber:** Stellen Sie in einem dunklen Raum eine oder mehrere Kerzen auf und löschen Sie das Licht. Beobachten Sie – unterstützt durch Zwinkern – wie das Kerzenlicht strahlt und funkelt. Gehen Sie dichter an die Kerze heran, schließen Sie die Augen. Nun wandern Sie hinter den geschlossenen Augenlidern mit den Augen hin und her. Achten Sie darauf, wie das Licht Sie trifft, auch wenn Sie es nicht sehen. Vielleicht können Sie auch spüren, wie die Lichtstrahlen immer tiefer dringen und sich diese Wahrnehmung langsam in Ihrem Körper ausbreitet.
> Achten Sie darauf, wie die Kerze flackert und versuchen Sie die Wärme der brennenden Kerze zu erspüren. Behalten Sie die Kerze im Blick und richten Ihre Aufmerksamkeit auf drei Dinge, die Sie sehen können, ohne den Kopf zu bewegen. Konzentrieren Sie sich dann auf drei Reize, die Sie spüren. Wiederholen Sie das Ganze, indem Sie sich zuerst auf je zwei und schließlich nur noch auf je eine Sache konzentrieren.
> **In eine Musik ganz eintauchen:** Wählen Sie Ihre Lieblingsmusik aus, mit der Sie gute Erinnerungen verbinden und die, wenn möglich, Ruhe ausstrahlt.
> Wenn Sie das Gefühl haben, Ihren Körper gut wahrzunehmen, vertrauen Sie sich ganz den Klängen der Musik an. Stellen Sie sich vor, Sie wären ihr Resonanzkörper. Beginnen Sie, mit kleinen Bewegungen der Musik zu folgen, einfach so wie Sie es spüren. Bewegen Sie sich nach Lust und Laune.

M Entspannungs-Nachklang

> Sagen Sie sich »Was für eine Wohltat«, oder »Ich kann die Früchte meiner Arbeit genießen«.

Vor dem Zubettgehen (14)

Wie man sich bettet, so liegt man – stimmt! Das bedeutet, wenn man es auf BALSAM anwendet: Je freier wir uns machen können, umso geruhsamer wird unsere Nacht.

B Geschafft!

> Sagen Sie sich »Ich bin in die Ruhe der Nacht eingeladen«.

A Eine Gute-Nacht-Geschichte

Probieren Sie selbst aus, an welcher Stelle dieser Baustein Ihnen am angenehmsten ist – am Feierabend, beim Zu-Bett-Gehen oder zum Einschlafen.

> Richten Sie Ihre gesamte Aufmerksamkeit auf Ihren Atem. Lassen Sie sich erzählen, wie es Ihnen geht.
> Fühlt sich Ihr Atem noch nicht ganz frei an, lassen Sie einige Stationen des Tagesablaufs noch einmal Revue passieren. Während Sie eine Sache nach der anderen durchgehen, beobachten Sie, ob sich einzelne Erinnerungen auf Ihren Atem auswirken. Wenn Sie etwas noch nicht wirklich losgelassen haben, wird Ihr Atem flacher und angespannter.
> Sie können diese Übung unterstützen, indem Sie sich das Blatt eines Baumes oder eine Schneeflocke vorstellen, die durch den Wind auf und ab bewegt werden, bis sie schließlich »landen«.

L So bleibt nichts mehr hängen

> Wenden Sie sich Ihren Händen zu, die den ganzen Tag über aktiv waren und nun endlich die Möglichkeit haben, zur Ruhe zu kommen.
> Umschließen Sie mit der rechten Hand nun Finger für Finger der linken, die Sie jeweils vom Fingeransatz zu den Spitzen hin ausstreichen und dabei sanft massieren.
> Spüren Sie nach, wie Ihr Körper mehr und mehr Anspannung verliert.

S Verwöhnprogramm

> Strecken Sie die Arme nach oben und beugen Sie den Oberkörper leicht nach hinten. Halten Sie die Spannung etwa 3 Sekunden. Lassen Sie dann ganz locker und schütteln Sie Arme und Oberkörper ein wenig aus.
> Streichen Sie über verschiedene Körperteile und massieren Sie Ihre Haut dabei ganz sanft. Spüren Sie in sich hinein, welche Körperteile immer noch leicht verkrampft sind. Streichen Sie über diese Partien und stellen Sie sich vor, dass Sie den letzten Rest Anspannung nun endgültig abstreifen.
> Nach Belieben können Sie in eine spielerische Selbstmassage übergehen und dafür ein angenehm riechendes Massageöl zur Hilfe nehmen.

INFO

BALSAM-EXTRA: IHR PERSÖNLICHER WOHLFÜHLSCHWERPUNKT

Wissen Sie, wo sich Ihre Haut besonders angenehm anfühlt? Nein? Dann sollten Sie beim Duschen den Wasserstrahl über verschiedene Körperpartien laufen lassen und so herausfinden, wo der Strahl besonders gut tut. Denken Sie dabei daran, wie Ihre Haut Sie umschließt. Sie können diese Stelle später wieder als Ausgangspunkt nehmen, wenn Sie sich mit einer Entdeckungsreise auf Ihrer Haut entspannen wollen.

A Die Dinge ganz loslassen

- Bevor Sie sich ausziehen, sollten Sie sich vergegenwärtigen, was Sie heute schon alles losgelassen haben. Versichern Sie sich mit einem kräftigen Ausatmen, dass Unbewältigtes gut bis morgen liegen bleiben kann.
- Machen Sie sich bewusst, wie Sie sich nun ausziehen. Falls Sie noch Ausweise oder eine Geldbörse in der Tasche haben, legen Sie diese Dinge betont ab, da Sie sie nachts nicht brauchen. Legen Sie zuletzt Ihre Uhr ab.
- Vielleicht steckt in diversen Taschen noch das eine oder andere, das Sie – begleitet von einem erleichterten Seufzer – wegwerfen können.
- Legen Sie die einzelnen Kleidungsstücke ganz bewusst und beinahe ein bisschen feierlich ab. Die Kleidung, die Sie vor Kälte, Sonne und Blicken schützte, brauchen Sie jetzt ebenso wenig wie alles andere, das während des Tages so wichtig erschien.
- Spüren Sie beim Duschen oder Waschen, wie Sie das Alte hinter sich lassen. Denken Sie daran, wie nun Schweiß und Staub und damit auch Sorgen und Ängste abgespült werden.
- Genießen Sie das Abtrocknen, indem Sie sich mit einem weichen Handtuch abreiben und sich dabei vorstellen, dass Sie sich mit dem Rubbeln von allem befreien.

M Zu guter Letzt

- Suchen Sie sich einen der folgenden Sätze aus, der Ihr Loslassen kurz vor dem Schlafen unterstützt:
  »Die Welt ist größer als meine Probleme. In diese Weite tauche ich jetzt ein«
  »Ich habe mich frei gemacht«
  »Alles ist nun abgelegt«

ENTSPANNUNGSFIXPUNKTE

Schöne Träume! (15)

Wenn Ihnen das Ein- oder Durchschlafen Probleme macht, können Sie sich aus folgenden Anregungen Ihr Gute-Nacht-Programm zusammenstellen.

B Mit dem Traumschiff ablegen
› Sagen Sie sich »Jetzt komme ich an, wo es nichts mehr zu erledigen gibt«.

A Entspannungsquellen
› Achten Sie darauf, wie sich die Luft beim Einatmen in Ihrem Körper ausbreitet. Stellen Sie sich dabei vor, wie das Meereswasser am Strand auf den Sand aufläuft, etwas darin versickert und schließlich wieder langsam ins Meer zurückfließt.

› Gehen Sie mit Ihrer Aufmerksamkeit durch Ihren Körper und suchen Sie den Teil, der sich am entspanntesten anfühlt. Bleiben Sie in Ihrer Aufmerksamkeit dort und legen Sie Ihre Hand auf diese Stelle. Lassen Sie von dort etwas ausstrahlen und durch den Körper strömen. Spüren Sie nach, wie die Entspannung sich nach und nach auf Ihren gesamten Körper überträgt.

L Die letzten Sorgen loslassen
› Konzentrieren sich auf das Thema, das Sie tagsüber am meisten beschäftigt hat. Spannen Sie beide Fäuste an und halten Sie die Spannung einige Sekunden. So angespannt und verspannt fühlt sich Ihre Seele jetzt, kurz vor dem Einschlafen.

INFO

LEINEN LOS FÜR IHRE FANTASIEREISE

Fantasiereisen sind besonders wirksam, wenn sie an reale Erfahrungen anknüpfen. Gehen Sie in Ihrer Vorstellung deshalb an Orte, an denen Sie sich besonders gut entspannen können und wo Sie sich »angekommen« fühlen. Konkretisieren Sie die Gefühle, die für Sie zu diesem Ort gehören, und beziehen Sie dabei möglichst viele Sinne mit ein. Stellen Sie sich vor, wie es sich anfühlt, dort zu sein. Welche Körperhaltung nehmen Sie dort ein und was strahlt Ihr Gesicht an diesem Ort aus? Durchleben Sie so immer wieder schöne Erfahrungen in den verschiedensten Details.

- Nun lassen Sie sich abrupt in die Entspannung hineinfallen. Stellen Sie sich dabei vor, wie sich das belastende Thema von Ihnen löst und in einen Vogel verwandelt, der davonfliegt – und erst morgen wiederkommt.
- Achten Sie auf Ihre Hände. Erst waren sie verkrallt, um etwas festzuhalten. Doch jetzt haben sie sich geöffnet und das Problem losgelassen.

S Dehnen als Abschluss
- Strecken Sie sich im Bett aus und machen Sie sich lang. Dann kauern Sie sich zu einer Kugel zusammen, wie um mit sich selbst zu kuscheln.
- Es ist sinnvoll, sich im Kopf eine Art Videofilm aus Erinnerungen zusammenzuschneiden, der sich bei Bedarf abspielen lässt. In Ihrer Fantasie können Sie den Film nach Belieben ergänzen und aufwerten. Sie können sich etwa vorstellen, wie Sie von einem geliebten Menschen begleitet werden.

A Über den Wolken …
- Stellen Sie sich vor, dass es Ihnen durch Ihr bewusstes Ausatmen möglich wird, sich selbst von der Zimmerdecke aus zu beobachten.
- Ihrer Perspektive wachsen Flügel. Sie steigen so hoch, dass Sie auf das Gebäude herabsehen, in dem Sie sich befinden. Sie steigen weiter, sodass Sie die Stadt beobachten können.

AUF EINEN BLICK

Hier noch einmal die wichtigsten BALSAM-Elemente, die Sie zwischen Feierabend und Einschlafen nach Belieben anwenden können:
- Nehmen Sie sich mehr Zeit, auf Ihren Atem zu achten, und lassen Sie sich von ihm zur Ruhe begleiten.
- Mithilfe kleiner Rituale lassen Sie die Anspannung des Tages los und machen sich frei von allem Belastenden.
- Sie gehen mit den Händen über Ihren Körper und stellen sich dabei vor etwas abzustreifen.
- Besonders auf dem Weg in die Nacht entdecken Sie, was Sie zum Genießen einlädt.

WICHTIG

- Sie können sich auch vorstellen, in einem Ballon immer höher zu schweben, weil Sie allen Ballast abwerfen.
- Gehen Sie in Ihrer Fantasie an Orte, an denen Sie sich gern aufhalten und an die Sie gute Erinnerungen haben.
- Schließlich haben Sie die Höhe eines Satelliten in der Erdumlaufbahn erreicht und können nun einen Teil der Erdkugel überschauen. Irgendwo dort unten liegen Sie im Bett – und schlafen gleich ein.

M Zuversichtlich einschlafen
- Stellen Sie fest »Ich bin sicher und aufgehoben« oder »So ist es gut«.

PRAXIS

Wenn es
stressig wird

Dieses Kapitel besteht aus zwei Teilen,
die ebenfalls unmittelbar an Ihren Alltag
anknüpfen. Im ersten Teil finden Sie
acht Übungssequenzen, die Ihnen helfen,
wenn Ihr Körper mit eindeutigen (Schmerz)-
Signalen zeigt, dass er überlastet ist.
Last but not least finden Sie das BALSAM-
Erste-Hilfe-Programm, das genau dann wirkt,
wenn Sie tief in der Stressfalle sitzen.

Ihr persönlicher Entspannungspool

Wohl jeder Mensch hat seinen Schwachpunkt, seine kritische Körperregion, die ihm immer dann am meisten zu schaffen macht, wenn er sehr angespannt ist. Während die einen Kopfschmerzen bekommen, reagieren andere mit Nacken-, Rücken- oder Magenschmerzen, wenn alles mal wieder zu viel wird. Viele übergehen diese Beschwerden oder bekämpfen sie mit Schmerzmedikamenten. Die Rechnung dafür kommt zwar nicht sofort, aber sie kommt ganz sicher, irgendwann …

Dabei meint Ihr Körper es gut mit Ihnen, wenn er solche Signale sendet. Er will Sie auffordern, etwas für sich zu tun oder zumindest eine kurze Entspannungspause einzulegen. Die folgenden acht Übungen beziehen sich auf die typischsten Stresssymptome und bringen für den jeweils gestressten Körperteil eine Entlastung. Da aber auch jeder Genuss eine Erleichterung mit sich bringt, starten wir in diesem Kapitel mit sieben BALSAM-Genussregeln, die Sie darauf einstimmen, auch die »Kleinigkeiten« des Alltags zu nutzen.

Die sieben BALSAM-Genussregeln — **PRAXIS**

Die sieben BALSAM-Genussregeln

Worin besteht das Einmaleins des Genießens? Die folgenden sieben Hinweise bringen es auf den Punkt.

1. Genuss braucht Zeit

Gerade an Zeit fehlt es uns allzu oft. Natürlich fällt das Genießen an einem Tag ohne Verpflichtungen leichter. Doch letztlich ist nicht entscheidend, über wie viel freie Zeit wir verfügen, sondern vielmehr, wie man häufig verborgene, kleine Freiräume dann auch tatsächlich zum Genießen nutzt.

2. Genießen gelingt nicht nebenbei

Sicher, es gehört zu unseren Gewohnheiten, mehreren Tätigkeiten gleichzeitig nachzugehen – einfach um mehr zu schaffen. Doch Tatsache ist: Wer seine Aufmerksamkeit teilt, kann das Einzelne nicht ausschöpfen.

3. Weniger ist besser

Eigentlich wissen wir, dass mehr Konsum nicht zwangsläufig mehr Wohlbefinden bedeutet. Dennoch lassen wir uns mitunter verleiten, mehr zu nehmen, als für uns gut ist. Vielleicht befürchten wir, zu kurz zu kommen. Doch gerade unsere (übertriebenen) Absicherungsversuche halten uns vom Genießen ab.

4. Genuss setzt eine innere Erlaubnis voraus

»Ich darf genießen« – das hört sich eigentlich selbstverständlich an, und doch können Leistungszwang und Schuldgefühle uns verbieten, es uns gut gehen zu lassen. Haben Sie sich schon einmal überlegt, wo Sie sich selbst um einen eigentlich wohl verdienten Genuss bringen?

5. Genuss ist jeden Tag möglich

Verschieben Sie das Genießen nicht auf einen allzu fernen Tag. Schauen Sie sich hier und heute nach den Dingen um, die Ihnen längst zur Verfügung stehen, um mehr genossen zu werden

6. Genießer wählen das Passende aus

Die gleichen Tätigkeiten können ganz unterschiedlich auf Menschen wirken. Beispielsweise können manche Gartenarbeit geradezu genießen, während andere nur mit Grauen daran denken. Stehen Sie zu Ihrer Originalität und suchen Sie sich aus den unzähligen Varianten zum Genießen diejenigen heraus, die Sie besonders ansprechen.

7. Genuss = aktives Handeln

Damit Genießen nicht auf die seltenen Momente beschränkt ist, in denen Sie jemand verwöhnt, sollten Sie immer wieder selbst aktiv werden und sich entspannte, genussvolle Momente schaffen.

IHR PERSÖNLICHER ENTSPANNUNGSPOOL

Bei Müdigkeit am ganzen Leib: Gähnen

Sie sind so müde und kaputt, dass Sie immer wieder gähnen müssen? Dann ist es höchste Zeit, das unangenehme »Disgähnen« in ein positives »Eugähnen« zu verwandeln. Denn wer sein Gähnen zulässt und es geschickt nutzt, kann neue Energie tanken und sich erfrischen.

B Zu Bewusstsein kommen
- Beginnen Sie die Übungsabfolge, indem Sie mit den Fingern schnipsen und sich sagen »Ich komme zu mir«.

A Das kraftvolle Gähnen üben
- Strecken Sie die Arme und heben Sie sie schräg nach oben an.
- Öffnen Sie den Mund ganz weit. Stellen Sie sich vor, Sie wollten einen großen, saftigen Pfirsich ganz in den Mund nehmen – und schon kommt es zu einem natürlichen Gähnreiz.
- Beobachten Sie, wie unglaublich viel Luft durch Ihren weit geöffneten Mund einströmen kann, und lassen Sie sich selbstvergessen und genüsslich in das Gähnen hineinfallen.
- Vor allem wenn Sie allein sind, können Sie das Gähnen nach Lust und Laune hörbar machen. Senken Sie beim Ausatmen gelöst die Arme und spüren Sie die Entspannung.

L Den Kiefer lockern
- Öffnen Sie den Mund erneut wie zum Gähnen. Doch nun lenken Sie Ihre Aufmerksamkeit auf die Anspannung Ihrer Kiefermuskeln.
- Spüren Sie genüsslich nach, wie sich beim Ausatmen der gesamte Mundbereich lockert.
- Unterstützen Sie die Entspannung, indem Sie das Kiefergelenk rechts und links mit den Fingerspitzen berühren und diesen Bereich nach Belieben ein wenig massieren.

TIPP

BALSAM-BLITZLICHT: PERSÖNLICHE ZIELE ERMITTELN

Haben Sie bereits einen Plan, in welchem Bereich Sie in den kommenden Monaten Ihre Fähigkeiten und Möglichkeiten verbessern wollen? Vielleicht möchten Sie etwas an Ihrem Arbeitsplatz oder im privaten Bereich ordnen oder Sie wollen ein Computerprogramm (besser) beherrschen? Schreiben Sie Ihre Wünsche und Ziele auf. Achten Sie darauf, dass auf Ihrer Liste auch erscheint, dass Sie Ihren Alltag mehr genießen möchten. Ein wichtiger Punkt, der seine Berechtigung auf Ihrer Liste hat und für den Sie sicher auch entsprechende Nischen finden.

Bei Müdigkeit am ganzen Leib: Gähnen

PRAXIS

S Beim Gähnen dehnen

Kaum zu glauben: Durch die Bewegungen, die beim Gähnen entstehen, werden die verschiedensten Muskelgruppen bewegt – fast wie bei einer kleinen Massage.

> Sie dürfen weiter gähnen! Achten Sie beim nächsten Gähnen darauf, welche anderen Körperpartien außer dem Kiefer und Mundbereich sich dabei dehnen. Spüren Sie, dass die Entspannung danach längst nicht nur Ihren Mund betrifft.

> Haben Sie festgestellt, dass sich beim gähnenden Einatmen auch Schultern und Hals heben und dehnen? Dann können Sie diese Dehnung noch ganz bewusst verstärken.

A 1. Station der Genussreise: Die Frucht fühlen

> Nehmen Sie einen Apfel oder eine andere Frucht zur Hand und fühlen Sie mit den Fingerspitzen, wie sich die Oberfläche anfühlt: rau oder glatt, weich oder hart?

> Gibt es Stellen, an denen die Oberfläche sich anders anfühlt? Tasten Sie Stiel und Blütenansatz ab.

> Lassen Sie den Apfel danach neben Ihrem Arbeitsplatz liegen. Dort wird er sie als »Genuss-Stützpunkt« im Laufe des Tages animieren, die weiteren Stationen dieser anregenden Sinnesreise zu durchlaufen.

M Erfrischt fortfahren

> Stellen Sie fest »Ich kann mir nehmen, was ich brauche« oder »Ich lasse mich von der Luft erfrischen«.

EIN PLÄDOYER FÜR DIE BEWEGUNG

INFO

Die BALSAM-Entspannung kann und will kein Ersatz für regelmäßige Bewegung sein. Wenn Sie die meiste Zeit des Tages sitzen oder auf der Stelle stehen, sollten Sie deshalb keine Gelegenheit ungenutzt lassen, sich zu bewegen. Beispielsweise ist so manches Gespräch auch im Gehen möglich und wird dadurch sogar noch bewegter und kreativer.

Wenn Sie geistig und emotional besonders intensiv gearbeitet haben, hat Ihr Körper die Stresshormone Adrenalin und Cortisol ausgeschüttet, um dadurch Ihre Leistungsfähigkeit zu erhalten. Diese bewirken im Körper, dass wir uns unruhig und unwohl fühlen. Doch sobald wir uns körperlich betätigen und dadurch ausgewogen beansprucht werden, wird zuerst das sympathische, und in der Erholungsphase dann auch das parasympathische Nervensystem angeregt. Wir fühlen uns ausgeglichen, entspannt und zugleich leistungsfähig. Nutzen Sie deshalb jede Gelegenheit sich zu bewegen.

IHR PERSÖNLICHER ENTSPANNUNGSPOOL

Für einen kühlen Kopf

Passiert es Ihnen auch, dass Sie an stressigen Tagen so richtig heißlaufen und sich einen kühlen Kopf wünschen, um wieder durchzublicken? Hier einige Tipps zum Abkühlen und »Runterkommen«.

B Zur Entspannung entschließen

- Greifen Sie mit einer Hand an Ihr Kinn und sagen Sie sich entschlossen »Entspannung – gerade jetzt«.

A In den Kopf atmen

- Berühren Sie Ihre Nase. Konzentrieren sich auf Ihren Atem und den Nasenraum. Stellen Sie sich vor, dass sich Ihr Atem im gesamten Kopf verteilt.
- Verfolgen Sie den Weg, indem Sie mit Ihren Fingern von der Nasenwurzel über die Stirn und hinunter bis zu den Schläfen streichen. Können Sie dort die Bewegungen des Atems erspüren?

L Das Gesicht entspannen

Es lohnt sich, von Zeit zu Zeit in den Spiegel zu sehen um zu prüfen, ob Ihre Stirn entspannt ist oder von Sorgen zerknittert in Falten liegt. Dann ist ein Anti-Falten-Programm angesagt, denn mit einer frisch »entfalteten« Stirn arbeitet es sich einfach leichter.

- Lenken Sie Ihre Aufmerksamkeit auf Ihr Gesicht. Wenn Sie einen Spiegel in Griffweite haben, sehen Sie hinein.
- Ziehen Sie die Augenbrauen hoch und die Stirn Richtung Haaransatz, sodass die Stirn in Falten liegt – gerade so, als wollten Sie sich selbst eine Grimasse schneiden.
- Lassen Sie nach etwa 3 Sekunden ganz locker und stellen Sie sich dabei vor, wie sich Ihre Gesichtszüge wieder entfalten und dabei entspannen.
- Beobachten Sie sich: Können Sie die Entspannung in Ihrem Gesicht wahr-

---

TIPP

BALSAM-BLITZLICHT: EINES NACH DEM ANDEREN

Überlegen Sie: Gibt es Situationen, in denen Sie drei oder mehr Tätigkeiten (nahezu) gleichzeitig nachgehen? Passiert das nur im Büro oder auch in Ihrer Freizeit? Das kann dann etwa so aussehen: Sie trinken einen Tee und knabbern etwas. Dabei hören Sie Musik. Da fällt der Blick auf eine noch nicht gelesene Zeitschrift, in der Sie nun blättern. Jemand kommt herein und möchte, dass Sie ihm gleichzeitig noch eine Frage beantworten … In Situationen, in denen dies leicht möglich ist, sollten Sie sich ganz auf eine Sache beschränken. Üben Sie sich darin, sich »nur« einer Tätigkeit zu widmen: So haben Sie mehr von jeder einzelnen Sache.

Für einen kühlen Kopf — **PRAXIS**

nehmen? Ihre Stirn hat sich geglättet und sieht nun wie ein stiller See aus, in den einzutauchen höchstes Vergnügen bereiten würde. Spüren Sie, wie sich Ihr Gesicht insgesamt weicher und zarter anfühlt?

S Streicheleinheiten für den Kopf

> Legen Sie Ihre Hände auf den Hinterkopf, die Finger treffen sich oben am Kopf. Die Daumen liegen hinter den Ohren und beginnen nun, die Kopfhaut hinter den Ohren in sanften Kreisen zu massieren. Lassen Sie die Daumen bis zur Wirbelsäule wandern und genießen Sie die lockernde Wirkung.

> Lösen Sie die Hände vom Hinterkopf und legen Sie Ihre Fingerspitzen auf die Mitte der Stirn. Streichen Sie mit leichtem Druck mit den Fingern schräg nach unten bis zu den Schläfen. Versuchen Sie zu erspüren, wie die Kopfmassage der Muskulatur und der Durchblutung im Bereich des oberen Gesichts gut tut.

> Die Hinterkopfmassage ist ein echtes »Cool-down-Mittel«, das entspannt.

A 2. Station der Genussreise: Kühles für die Stirn

> Nehmen Sie eine Frucht zur Hand und spüren Sie – fühlt sie sich beim Berühren warm oder kalt an?

> Gehen Sie mit Ihrem Temperaturempfinden weiter auf die Reise. Testen Sie, welche Gegenstände sich wärmer, welche sich kälter anfühlen. Hängt es vielleicht auch davon ab, mit welchem Körperteil Sie sie berühren?

> Verschaffen Sie sich einen erfrischenden Reiz für Ihren Kopf:
Nehmen Sie ein Glas, in dem sich ein kühles Getränk befindet oder befunden hat, und rollen Sie damit langsam über Ihre Stirn.
Wenn es draußen kühler ist als drinnen, öffnen Sie das Fenster und halten Sie den Kopf aus dem Fenster. Oder Sie legen Ihre Stirn an die Fensterscheibe. Lassen Sie die belebende Kälte auf sich wirken.
Falls es draußen heiß ist, erfrischen Sie Ihre Stirn mit etwas kühlem Wasser aus dem Wasserhahn.

M Heißer Kopf ade!

> Stellen Sie fest »Jetzt kann ich ausgeglichener weiter machen«.

IHR PERSÖNLICHER ENTSPANNUNGSPOOL

Nackenverspannungen lösen

Ihr Nacken schmerzt. Haben Sie sich in den vergangenen Stunden nicht viel bewegt? Saßen Sie statisch und angespannt am Schreibtisch oder haben Sie sich verkrampft? Nackenverspannungen können viele Ursachen haben, es gibt aber auch gute Übungen, um sie zu lindern.

B Verspannung öffne dich
- Heben Sie die Schultern kurz ganz leicht an und werden Sie sich dabei Ihrer Halswirbelsäule bewusst. Sagen Sie sich »Ich öffne mich (ganz leicht)«.

A Unter den Achseln schwingen
- Legen Sie Ihre rechte ausgebreitete Hand so unter Ihre linke Achselhöhle, dass Sie Ihre Rippen spüren. Können Sie dort eine Atembewegung fühlen?
- Lassen Sie die Hand weiter nach oben wandern. Können Sie den einströmenden Atem auch im Schulterbereich wahrnehmen?
- Tasten Sie sich zum Nacken und Hals vor. Wie sind Schwingungen des Atems hier zu spüren? Wiederholen Sie die Übung, indem Sie nun mit der linken Hand nachspüren.

L Begegnung der Schulterblätter
- Ziehen Sie beide Schulterblätter nach hinten, sodass sie sich in der Mitte des Rückens annähern. Halten Sie die Spannung in den Schultern und im Oberkörper etwa 3 Sekunden. Dann lassen Sie abrupt locker und schütteln die Schultern ausgiebig aus.
- Wiederholen Sie die Übung 1-mal.

> Beim Tastkino ist (fast) alles erlaubt – wichtig ist nur, dass es sich für Sie gut anfühlt.

S Sanfte Massage

Diese Massage ist besonders leicht durchzuführen, wenn keine Kleidung stört.

- Starten Sie mit einer so genannten Regentropfenmassage: Dafür nehmen Sie Ihre Schreibhand hinter den Kopf an den Nacken und klopfen mit den Fingerkuppen Ihren Nacken ab.
- Gehen Sie zu einem sanften Kneten der Haut über – insbesondere im Schulterbereich. Tasten Sie sich dabei bis zu den Schulterblättern hinunter.
- Massieren Sie mit der anderen Hand die unerreichten Schulterpartien.

A 3. Station der Genussreise: das Tastkino

Für diese Station können Sie sich im Laufe der Zeit eine kleine Sammlung von Dingen zulegen, die sich unterschiedlich anfühlen. Das könnten ein Wattebausch, Steine, Muscheln, Federn, ein kleines Seidentuch, Wolle, Nüsse, Kaffeebohnen oder Tannenzapfen sein. Wichtig: Alle Teile sollen sich interessant anfühlen.

- Streichen Sie sich mit einer Hand über den Nacken und fassen Sie blind nach Ihrem Tastkino. Spüren Sie, wie verschieden sich die Dinge anfühlen.

M Locker weitermachen

- Stellen Sie entschlossen fest »Aufgelockert geht's weiter«.

BALLAST ABWERFEN FÜR MEHR LEICHTIGKEIT

INFO

Ihnen wird manchmal alles zu viel? Hier einige Tipps, wie Sie sich etwas Luft verschaffen können:

- Haben Sie sich vielleicht schon einmal überlegt, wie Sie Ihr Leben generell vereinfachen könnten? Eine Möglichkeit könnte sein, sich von Sachen zu trennen, die Sie seit Jahren nicht mehr verwenden. Denn eines unserer Probleme heute ist, dass wir – im Vergleich zu früher – mit besonders viel Hab und Gut fertig werden müssen.
- Reduzieren Sie die auf Sie einströmenden Reize, indem Sie Ihren Medienkonsum bewusst kontrollieren. Lassen Sie sich nicht gleich am Morgen von schrecklichen Nachrichten überfluten oder sich von Promi-Klatsch prägen, der nicht wirklich etwas mit Ihren Wünschen zu tun hat.
- Haben Sie in letzter Zeit etwas in seiner Einzigartigkeit schätzen gelernt? Das können sowohl bestimmte Erlebnisse mit einem Menschen oder der Natur sein, aber auch Dinge für Ihr Zuhause oder Ihr Outfit. Wichtig: Kopieren bringt nichts, sondern würdigen Sie vielmehr das für Sie Besondere.

Erste Hilfe bei gestressten Augen

Sie arbeiten tagtäglich konzentriert am Computer? Dann kennen Sie wahrscheinlich das Augenproblem nur zu gut. Dabei können Sie mit denen folgenden Übungen Ihren Augen leicht etwas Gutes tun.

B »Augen-Tankstelle« anfahren
> Sagen Sie sich, während Sie mit den Fingern über die Augen streifen »Eine Lichtpause für die Augen ist dran«.

A Zwischen die Augen atmen
> Achten Sie darauf, wie Ihr Atem durch die Nase einströmt. Lenken Sie Ihre Aufmerksamkeit auf den Raum, der zwischen Ihren Augen, hinter der Nasenwurzel liegt. Erspüren Sie diesen Raum und stellen Sie sich vor, wie der Sauerstoff genau dorthin strömt.
> Stellen Sie sich nun vor, wie sich die Atembewegung in Ihrem Körper immer weiter nach unten ausbreitet. Legen Sie eine Hand auf den Bauch unter den Bauchnabel, die andere auf gleicher Höhe auf den unteren Rücken.

L Augenmuskeln entspannen
> Kneifen Sie die Augen fest zusammen und versuchen Sie, die Muskeln, die um Ihre Augen herum liegen, wahrzunehmen. Halten Sie die Anspannung etwa 3 Sekunden und lassen Sie dann ganz plötzlich locker.
> Während Sie der Entspannung intensiv nachspüren, können Sie sich mit

---

TIPP

BALSAM-BLITZLICHT: WIE GENUSSBEREIT SIND SIE?

Überprüfen Sie, inwieweit Sie folgenden Aussagen zustimmen:
> Einen ganzen Tag einfach nichts als genießen – das muss ich vor niemandem rechtfertigen.
> Für mich etwas ganz Selbstverständliches: sich mindestens einmal täglich etwas Gutes gönnen.
> Viele wertvolle Seiten meines Lebens liegen jenseits aller Leistungsnormen.
> Wer genießt, wird selbstsicherer.
> Wer nicht genießen kann, wird selbst bald ungenießbar.

Wenn Sie bei diesen Fragen nur selten »Ja« sagen können, fehlt Ihnen die eigene Zustimmung für das Entspannen. In diesem Fall ist die mentale Unterstützung des ersten BALSAM-Bausteins, B = Besinnung, besonders wichtig. Solche Einstiegssätze sind Türöffner, die unsere innere Erlaubnis bekräftigen.

Erste Hilfe bei gestressten Augen — PRAXIS

geschlossenen Augen vorstellen, auf etwas weit Entferntes zu blicken.

Augenmassage

> Legen Sie Ihre beiden Mittelfinger auf die Mitte der Stirn. Massieren Sie die Stirn mit kreisenden Bewegungen und arbeiten Sie sich um die Augen herum über die Schläfen bis zur Unterseite der Ohren vor.

4. Station der Genussreise: Lichtblicke

Haben Sie schon einmal ausprobiert, was Sie mit den Augen eigentlich alles spüren können? Hier einige Ideen.

Brennende, müde Augen? Nehmen Sie sich eine Auszeit für einen klaren Blick.

> **Augen-Zufallen:** Lassen Sie die Augen ganz bewusst zufallen und spüren Sie, wie sanft sich das anfühlt. Lassen Sie dieses Gefühl für etwa 3 Sekunden nachklingen. Dann öffnen Sie die Augen wieder und sehen sich erst einmal neugierig um.
> Unterstützen Sie Ihre Eindrücke, indem Sie sich vorstellen, dass Sie, während Sie die Augen zufallen lassen, auf etwas ganz Weiches wie zum Beispiel eine besonders anschmiegsame Matratze fallen.

> **Wohlige Wärme:** Diese Übung entlastet besonders bei greller Lichteinstrahlung. Reiben Sie Ihre Hände etwa zehn Sekunden kräftig aneinander und legen Sie die erwärmten Handflächen dann auf Ihre geschlossenen Augen. Ihre Augen sind nun wie durch einen dichten Vorhang geschützt. Spüren Sie, wie Wärme und Entspannung sich in Ihren und um Ihre Augen herum ausbreiten.

> **Augenwischer:** Wenn Sie leicht Zugang zu einem Waschbecken haben, können Sie Ihren Augen zwischendurch ein paar Wassertropfen gönnen. Oder aber Sie befeuchten Ihre Augen, indem Sie ganz bewusst einige Male nacheinander ein kräftiges Gähnen herbeiführen (siehe Seite 82/83).

Das Blickfeld erweitern

> Stellen Sie fest »Jetzt kann ich wieder gut hinschauen«.

IHR PERSÖNLICHER ENTSPANNUNGSPOOL

Müde vom vielen Reden?!

Wer viel reden muss, ist über eine kleine Sprechpause wahrscheinlich erfreut. Das hilft nämlich nicht nur der Stimme, sondern kann auch bewirken, dass man sich danach wieder besser auf das Wesentliche konzentrieren kann. Hier eine kleine Auswahl an BALSAM-Übungen:

B Mut zur Redepause

> Schnalzen Sie mit der Zunge, um eine Kurzentspannung einzuleiten. Sagen Sie sich »Sich etwas zurückziehen hilft mehr als viele weitere Worte«.

A Frischluftdusche für den Mund

> Beachten Sie, wie die Luft über Ihre Lippen in den Mundraum gleitet. Spüren Sie die Ausbreitung im Mund und verfolgen Sie den Weg zur Luftröhre.

> Führen Sie wenn möglich auch folgende Übung aus: Legen Sie im Sitzen die Hände unter den Po. Bilden Sie nun den Laut F. Die Schneidezähne liegen dabei hinten an der Unterlippe. Variieren Sie Ihr lang gezogenes F. Spüren Sie, wie die Atembewegung des Tones durch Ihren Körper bis hinunter in den Beckenboden schwingt.

L Die Zunge entspannen

Ist die Zunge entspannt, wirkt sich das auch positiv auf die Entspannung des gesamten Körpers aus.

> Pressen Sie Ihre Zungenspitze dort an den Gaumen, wo Sie Ihren Augen am nächsten sind. Spüren Sie nach, wie sich die Anspannung ausbreitet.

> Halten Sie die Spannung etwa 4 Sekunden und nehmen Sie sie mit einem Ausatmen wieder zurück.

WICHTIG!

GENIESSEN IM HIER UND JETZT

Verschieben Sie das Genießen auf die Zukunft wie etwa auf einen besonderen Urlaub oder die Pensionierung? Dann sollten Sie sich selbst auf die Möglichkeiten aufmerksam machen, die Sie heute bereits haben. Denn morgen werden Sie etwas nur so weit genießen können, wie Sie heute üben, sich an Schönem zu erfreuen. Bewegen Sie sich mit dem Satz »Morgen wird es auch nicht besser sein«. Vielleicht erscheint Ihnen die Aussage im ersten Moment frustrierend. Doch sie kann Ihnen helfen wahrzunehmen, was Sie schon haben. Sehen Sie sich hier und heute um und nehmen Sie die vielen (vermeintlich kleinen) Genüsse wahr.

OFT GEFRAFT

› **Verliert Genuss nicht seinen Reiz, wenn er etwas Alltägliches ist?**
Keine Sorge: Die Natur, aus der wir beim Genießen schöpfen, ist in ihrer Vielfalt unbegrenzt, sodass es immer wieder neue Nuancen zu entdecken gibt. Dieser ganze Reichtum steht demjenigen zur Verfügung, der auf der Suche nach dem Genuss seine Kreativität so einsetzt, wie er es bei den großen Zielen seines Lebens tut.

INFO

S Nischen und Winkel Ihrer Mundhöhle

› Streichen Sie mit der Zungenspitze ganz sanft über die Kauflächen der oberen und unteren Zahnreihe. Tasten Sie danach Ihr Zahnfleisch und den Gaumen mit der Zunge ab. Wie fühlt sich das an? Wiederholen Sie diese »Rundreise« 2-mal.

› Achten Sie danach auf Ihre Zunge: Wo hat Sie sich jetzt platziert? Fühlt sich das gut an und hat sie damit eine Ruheposition gefunden?

A 5. Station der Genussreise: Schnuppern

› Wenn Sie viel telefonieren müssen, nehmen Sie dabei immer mal wieder eine Frucht in die Hand und schnuppern Sie daran. Wonach riecht sie?

› Wenn Sie sich unter Menschen befinden und das offensichtliche Schnuppern zu auffällig wäre, halten Sie sich ein Getränk unter die Nase und gehen Sie dem Geruch nach.

› Trinken Sie dabei hin und wieder einen Schluck, denn gerade in einer Sprechpause ist es auch wichtig, etwas zu trinken. Nehmen Sie beim Trinken die Frische des Getränks in sich auf und spüren Sie, wie Ihr ganzer Mundraum Schluck für Schluck gereinigt wird.

› Kein Getränk zur Hand? Dann stellen Sie sich vor, Sie hätten eine Zitronenscheibe oder ein Orangenstück im Mund, an dem Sie kräftig saugten.

M Entspannt sprechen

› Stellen Sie fest »Das Wichtige sage ich ganz entspannt (weil ich mir meiner Sache sicher sein kann)«.

> Langes Zuhören strengt an und ermüdet. Glücklich ist der, der weiß, wie er sich mit kleinen unauffälligen Übungen wieder fit und aufnahmebereit machen kann.

Erfrischung beim langen Zuhören

Wenn Sie lange zuhören müssen, ermüden Sie leicht? Eine kleine BALSAM-Erfrischung zwischendurch kann Ihre Aufnahmebereitschaft wesentlich erhöhen.

B Nach innen hören

> Sie legen die Hand auf ein Ohr und sagen Sie sich »Mein Hören richtet sich jetzt nach innen«.

A Sanftes Ohrenflattern

> Während Sie sich auf Ihr Ein- und Ausatmen besinnen, werden Sie sich immer mehr bewusst, wie kühl sich die Luft anfühlt, die durch Ihren Mund einströmt, und wie warm sie ist, wenn sie ihn wieder verlässt.

> Versuchen Sie nun einen Moment, den Raum zwischen Ihren Ohren zu erspüren. Stellen Sie sich vor, wie der Atem bis dorthin vordringt.

> Fahren Sie dabei mit einem Zeigefinger von der Nase zu einem Ohr.

L Von Kopf bis Fuß lockern

Wenn Sie gerade in einer Pause allein stehen oder in Ihrem Büro lange telefonieren, hilft diese Übung:

> Stellen Sie sich hin und beugen Sie ganz langsam die Knie. Dabei ist die Wirbelsäule aufgerichtet, der Oberkörper leicht nach vorn gebeugt.

> Achten Sie auf die Spannung in den Ober- und Unterschenkeln. Gehen Sie nur so weit in die Knie, wie es Ihnen noch gut tut.

Erfrischung beim langen Zuhören — PRAXIS

> Nun richten Sie sich ebenso aufmerksam wieder auf. Wenn Ihre Beine noch nicht locker sind, können Sie die Kniebeugen wiederholen.

Aber auch im Sitzen können Sie unter dem Tisch unauffällig etwas für sich tun:

> Sie stellen Ihre Füße mit der ganzen Fläche auf. Legen Sie eine Hand auf den rechten Oberschenkel.
> Spannen Sie Ihren Unterschenkel an und lassen Sie ihn immer länger werden. Drücken Sie mit dem Oberschenkel gegen die aufgelegte Hand. Halten Sie die Spannung etwa 3 Sekunden.
> Lassen Sie locker und verfahren Sie mit dem linken Bein ebenso.

S Die Ohren entfalten
> Streichen Sie mit beiden Händen über Ihren Kopf und den Nacken.
> Legen Sie nun den angewinkelten Zeigefinger auf Ihr Ohr und den Daumen hinter die Ohrmuschel.
> Beginnen Sie Ihr Ohr zu massieren, indem Sie das Ohr vom Ohransatz leicht nach außen ziehen. Das sieht beinahe so aus, als ob sie Ihre Ohrmuschel »entfalten« und lang ziehen wollten.
> Fühlen sich Ihre Ohren jetzt angenehm warm an? Wenn Sie das Gefühl haben, dass Sie noch nicht aufnahmebereiter geworden sind, wiederholen Sie die Massage ein weiteres Mal.

A 6. Station der Genussreise: Nuancen erkennen
> Sammeln Sie Geruchseindrücke, die Sie dann in einer Hörpause nutzen.
> Gibt es an einem Apfel Stellen, die besonders intensiv oder anders riechen? Woran erinnern Sie die Gerüche?
> Welche anderen Gerüche gibt es um Sie herum? Wo vermuten Sie einen besonders wohltuenden Geruch?

M Gut sortiert wieder ganz Ohr
> Stellen Sie fest »Alles Bedeutungsvolle wird mich erreichen, alles Unwichtige geht an mir vorbei«.

JEDE CHANCE NUTZEN!

Gibt es Lebensbereiche, aus denen Sie das Genießen generell ausklammern? Haben Sie sich in diesen Fällen darauf eingelassen, nur zu funktionieren und »es« hinter sich zu bringen? Häufig geschieht dies direkt nach dem Aufstehen, bei Routine-Tätigkeiten im Haushalt oder wenn man mit dem Auto unterwegs ist. Bedenken Sie, dass auch diese »monotonen« Tätigkeiten Genussmomente bieten, vor denen wir uns ausschließen, wenn wir nicht mit ihnen rechnen. Und eben dann ist die Gefahr groß, dass wir die Gelegenheiten übersehen.

INFO

Stärkung für den Rücken

Sie leiden immer dann unter Verspannung im Rücken, wenn Sie viel und angespannt sitzen müssen? Damit Sie die Verspannungen schnell wieder loswerden, hier die passenden Übungen aus dem BALSAM-Programm.

B Neue Kraft für Ihren Rücken

▶ Richten Sie Ihren Rücken ein wenig auf und sagen Sie sich »Einige Momente – ein Geschenk für mich ganz persönlich«.

A Springbrunnen des Atems

▶ Atmen Sie ein und verfolgen Sie, wie tief die Atembewegung in Sie hinabgleitet und für Sie spürbar ist.
▶ Atmen Sie aus und gehen Sie mit Ihrer Aufmerksamkeit den Rücken hinauf. Stellen Sie sich dabei einen großen, schönen Springbrunnen vor: ein glitzerndes Schauspiel, ein beruhigendes Plätschern, die erfrischende Gischt in Ihrem Gesicht ...
▶ Spüren Sie nach, wie Sie sich dabei ein wenig aufrichten. Legen Sie nun eine Hand auf Ihre Schultern und lassen Sie sie in den Nacken gleiten.

L Den Rücken entspannen

▶ Pressen Sie Ihren Rücken fest gegen die Rückenlehne Ihres Stuhls. Halten Sie kurz die Spannung und lassen Sie dann abrupt ganz locker. Lehnen Sie sich nun wieder ganz sacht an und erspüren Sie, wo Ihr Körper die Stuhllehne berührt.
▶ Ziehen Sie die Schultern ein wenig zum Kopf hoch. Stellen Sie sich vor, wie sich Ihre Wirbelsäule dabei streckt. Dabei drücken Sie Ihr Rückgrat ganz vorsichtig durch, wodurch sich das Becken aufrichtet.
▶ Nun lassen Sie die Schultern fallen und entspannen den Rücken.

INFO

BALSAM-BLITZLICHT: INDIVIDUALITÄT IST GEFRAGT!

Alle Menschen sind verschieden. Wie sehr unsere Persönlichkeit die Anwendung der BALSAM-Tipps beeinflusst, sei an folgenden Beispielen veranschaulicht. Stellen Sie sich zwei Typen vor: der eine stets korrekt und strukturiert, der andere dagegen eher unkonventionell und spontan. Für stark strukturierte Menschen sind exakte Regeln und Gebrauchsanweisungen genau das Richtige. Die Spontanen und Unkonventionellen hingegen empfinden diese Vorgaben schnell als übertrieben und einengend. Folgen Sie ganz der Herangehensweise, die zu Ihnen passt.

Stärkung für den Rücken | **PRAXIS**

S Streicheleinheiten für Ihren Rücken

Unser Atem bewegt nicht nur die Bauchdecke, sondern breitet sich auch nach hinten zum Rücken hin aus. Wir könnten das noch deutlicher spüren, wenn wir dort nicht so steif wären. Hier eine Übung, die Sie für diesen vernachlässigten Bereich wieder sensibler macht.

> Legen Sie beide Hände im Bereich der Nieren auf Ihren Rücken. Strecken Sie den Rücken, sodass ein leichtes Hohlkreuz entsteht. Streichen Sie mit Ihren Händen über den Rücken und greifen Sie bei der Massage nach und nach immer etwas fester zu. Atmen Sie in diesen Bereich hinein und spüren Sie intensiv nach.

> Mit Wohlgerüchen entspannen? Ja, und je besser Ihr Geruchssinn trainiert ist, umso schneller und leichter funktioniert's.

A 7. Station der Genussreise: gute Gerüche sammeln

Sammeln Sie gute Gerüche, denn je besser Ihr Geruchssinn trainiert ist, umso leichter lässt er sich wohltuend stimulieren. Anschließend flankieren Sie Ihren Alltag mit verschiedenen »Genuss-Stützpunkten« für Ihre Nase:

> Sammeln Sie Wohlriechendes und bewahren Sie Ihre Schätze in kleinen verschließbaren Plastiktüten, -dosen oder Fläschchen auf. Dafür kommen beispielsweise Kräuter, Gewürze, ein Taschentuch, das mit ätherischem Öl beträufelt wurde, sowie Rosenblätter und Rosenöl oder ein Hauch Ihres Lieblingsparfüms infrage.

> Schnuppern Sie immer wieder an diesen Gegenständen. Am besten legen Sie sich eine Schachtel zu, in der Sie Ihre persönlichen Lieblingsgerüche »archivieren« und die Sie bei Bedarf schnell zur Hand haben.

M Aufgelockert weitermachen

> Sagen Sie sich »Ich begegne allem aufrecht, was immer auf mich zukommt« oder variieren Sie »Ich bin Herr der Lage«.

IHR PERSÖNLICHER ENTSPANNUNGSPOOL

Bei müden Beinen

Sicher kennen Sie das unangenehme Gefühl, wenn vom langen Stehen die Beine ermüden oder gar schmerzen. Wenn Sie dann nicht gleich Zeit und Gelegenheit haben, sich auszuruhen, wird es meist noch schlimmer. Doch es gibt einige Möglichkeiten sich zu behelfen.

B Ausgestandenes bedenken

> Richten Sie den Blick auf und sagen Sie sich »Wie weit und lange mich meine Beine doch tragen«.

A Bis in die Fußspitze atmen

> Lenken Sie die Aufmerksamkeit auf Ihren Atem. Setzen Sie sich kurz hin und streichen Sie mit beiden Händen von der Leiste über den Oberschenkel bis zum Knie. Nun umfassen Sie das Bein oberhalb des Knies, heben es etwas hoch und schütteln den Unterschenkel und den Fuß ein wenig aus.
> Setzen Sie den Fuß langsam wieder ab und wechseln Sie die Seite.
> Wenn diese Übung so nicht durchführbar ist, weil Sie sich im Moment nicht hinsetzen können, hilft vielleicht Folgendes: Stellen Sie sich vor, wie Ihr Atem in Ihnen hinabsinkt und die Körperwände berührt. Gehen Sie mit Ihrer Aufmerksamkeit bis in die Zehenspitzen. Denken Sie daran, wie alles gut durchblutet und beatmet wird.

L Locker von Kopf bis Fuß

> Sie sitzen und strecken Ihre Beine ganz locker aus. Spannen Sie nun nacheinander verschiedene Muskeln an: in den Füßen, den Unterschenkeln und schließlich auch in den Oberschenkeln. Halten Sie die Spannung etwa 4 Sekunden.
> Lassen Sie sich dann ganz in die Entspannung fallen und stellen Sie sich vor, wie die Anspannung aus Ihnen herausfließt.

S Die Beine lang machen

Wählen Sie aus den folgenden Dehnübungen diejenige aus, die zu Ihnen und den momentanen Gegebenheiten am besten passt.

> **Übung 1:** Setzen Sie sich auf einen Stuhl. Verschränken Sie Ihre Finger und legen Sie Ihre Hände knapp unterhalb des Knies um den Unterschenkel. Ziehen Sie Ihr angewinkeltes Bein zum Körper und beobachten Sie dabei vor allem die Dehnung des Oberschenkels. 2- bis 3-mal wiederholen, dann das Bein wechseln.
> **Übung 2:** Stellen Sie sich aufrecht in die Nähe eines Tisches oder einer Wand, sodass Sie sich bei Bedarf abstützen können. Winkeln Sie Ihr rechtes Bein nach hinten zum Po hin an, umfassen Sie mit einer Hand den Knöchel und ziehen Sie ihn zum Po.

Bei müden Beinen   **PRAXIS**

Halten Sie die Dehnung etwa 4 Sekunden. Danach die Seite wechseln.
Wichtig: Gehen Sie bei dieser Übung nicht ins Hohlkreuz und achten Sie auch darauf, dass Ihr Atem währenddessen immer gut fließt.

> **Übung 3:** Massieren Sie Ihre Waden und Oberschenkel mit sanften, kreisenden Bewegungen.

8. Station der Genussreise: sich riechen können

Ob wir andere riechen können und uns in ihrer Nähe wohl fühlen, nehmen wir sofort wahr. Mit dieser Übung können Sie eine Nase dafür bekommen, ob Sie sich auch selbst gut riechen können.

> Jetzt schulen Sie sich darin, sich selbst auch über Ihren Geruchssinn angenehm wahrzunehmen. Schnuppern Sie dafür an Ihrer Hand oder einem anderen Teil des Arms und suchen Sie nach einem Wort, das Ihren Eigengeruch am treffendsten beschreibt. Lassen Sie Ihren Ideen und der Fantasie freien Lauf, wenn Sie feststellen: Ich rieche gut nach …

Ein guter Standpunkt

> Stellen Sie sich aufrecht hin und suchen Sie einen festen Stand. Stellen Sie nun fest »Ich habe schon manches unter die Füße bekommen« oder »Ich stehe in der Balance«.

WEGE AUS DEM GRÜBELN

Stellen Sie sich vor, Sie sind unterwegs und kommen vor lauter Problemen aus dem Grübeln nicht mehr heraus. Währenddessen läuft am Abendhimmel ein atemberaubendes Schauspiel ab: Die Farben Blau und Rot wetteifern eindrucksvoll um die Vormacht. Wie hoch ist die Wahrscheinlichkeit, dass Sie es schaffen, dieses einzigartige Schauspiel in sich aufzunehmen? Bestimmt würden Sie es vor lauter Grübeleien verpassen.
Das können Sie tun: Wenn Sie mit dem Auto unterwegs sind und ein solches oder ähnliches Schauspiel aus den Augenwinkeln wahrnehmen, sollten Sie für eine Minute anhalten. Ein tiefes Einatmen mit weit ausgestreckten Armen oder ein kleiner Luftsprung können die Eindrücke noch verstärken.

INFO

Stressfallen erkennen und entschärfen

Manchmal gehen Sie wohl präpariert in den Tag – und werden dann doch durch ein unerwartetes Ereignis, das Sie stresst, ausgebremst. In diesem Fall ist es hilfreich, eine BALSAM-Entspannung parat zu haben, die auf Ihr Problem zugeschnitten ist. Da kommt sofort die Frage auf: Kann man auf die typischen Stressfallen wirklich reagieren? Ja, man kann. Gerade wenn Sie frustriert sind, tut es gut, ein wenig Abstand zu gewinnen, um den Kopf wieder frei zu bekommen. Bei Hektik ist es wichtig, das Tempo Ihrer emotionalen Anspannung zu drosseln. Treten Spannungen mit Kollegen, mit Freunden oder in der Familie auf, können Sie mit einfachen Mitteln zu sich kommen und gelassen reagieren. Oder liegt Ihr Hauptproblem darin, dass es Ihnen schwer fällt, abzuschalten? Wenn es dafür wirklich an der Zeit ist, kann BALSAM Sie mit Rat und Tat unterstützen.
Für diese Fälle finden Sie Beispiele, die aus dem täglichen Leben gegriffen sind und in denen Sie sich auf den folgenden Seiten wieder erkennen.

PRAXIS — Heraus aus dem Sorgenstrudel

Heraus aus dem Sorgenstrudel

Wir produzieren ständig Befürchtungen, die kein Mensch haben will. Und eben diese stehen bei den folgenden Stressfallen im Hintergrund, denn erst dadurch, dass wir Angst verspüren, fühlen wir uns ausgeliefert und erleben den Stress als belastend. Dabei sind es vor allem Versagens-, Versorgungs- oder Verlustängste, die immer wieder auftauchen und unsere Sorgen auslösen. Sie sind die stärkste Bedrohung für unser Glücklichsein.

Drei erprobte Sorgenbrecher

Die folgenden drei Schritte können unsere Sorgen in die Schranken weisen:

> Beobachten und belächeln Sie Ihre Sorgenkultur. 92 Prozent unserer Sorgen sind völlig überflüssig, weil sie sich auf etwas beziehen, das entweder niemals eintrifft oder unabänderlich ist. Und selbst die verbleibenden 8 Prozent lohnen sich nicht wirklich, weil alles doch meist anders kommt als geplant und wir unsere Reaktionen dann neu überdenken müssen.

> Wenn eine Sorge einmal besonders hartnäckig ist und partout nicht vertrieben werden kann, sollten Sie die Flucht nach vorn antreten. Stellen Sie sich vor, dass tatsächlich der schlimmste Fall eintritt, und malen sich aus, wie Sie auch damit fertig werden. Sie werden feststellen, dass das Leben nicht nur weitergeht, sondern dass Sie aus dieser Situation auch noch gestärkt hervorgehen.

> Schauen Sie im Sorgenstrudel über den eigenen Tellerrand hinaus. Erst wenn es nicht mehr darum geht, wie wir abschneiden, wie wir uns absichern oder beweisen können, geraten wir in die Selbstvergessenheit des Flow. Dieses Loslassen-Können wird eine lebenslange Aufgabe bleiben, doch es wird uns von Mal zu Mal besser gelingen.

Ihr Ausstieg aus der Sorgentretmühle

Legen Sie zuerst einmal fest, was für Sie wichtig sein soll:

> Das bereits Bewältigte
> Eindrücke, die Angenommensein und Geborgenheit vermitteln
> Freundliche, ermutigende Aussagen
> Schönes, das zu genießen gut tut

Dagegen können Sie folgenden Aspekten in Zukunft weniger Beachtung schenken:

> Abgehobenen Sorgen, die von der Realität viel zu weit weg sind
> Einem stark übertriebenen Sicherheitsstreben
> Aussagen von anderen, deren negative Ausrichtung auf uns abfärbt und Panik verbreitet
> Den unbarmherzigen inneren Antreibern und Richtern

Denkblockaden auflösen

Sie knabbern an einem Problem – und gerade jetzt gehen Ihnen die Ideen aus. Ganz normal, denn bei zu hoher Anspannung fliegt schnell die Sicherung heraus.

B Den Kopf frei machen
- Sagen Sie sich »Auflockerungen sind angesagt«.

A Nasenatmung testen
- Achten Sie auf Ihren Atem. Halten Sie Ihr rechtes Nasenloch zu, indem Sie mit dem Daumen der rechten Hand auf den rechten Nasenflügel drücken. Atmen Sie langsam durch das linke Nasenloch aus.
- Vor dem nächsten Einatmen nehmen Sie den Daumen vom rechten Nasenflügel und halten sich stattdessen die linke Seite mit dem Zeigefinger zu. Atmen Sie rechts ein.
- Machen Sie im Wechsel weiter: Ausatmen durch das linke, einatmen durch das rechte Nasenloch. Achten Sie dabei auf das Auspusten der Luft.
- Wiederholen Sie die wechselseitige Nasenatmung, bis Sie das Gefühl haben, dass der Atemfluss freier ist.

L Verkralltes öffnen
- Verhaken Sie die Finger Ihrer Hände hinter dem Rücken. Beugen Sie den Oberkörper etwas nach vorn und ziehen Sie gleichzeitig die Unterarme kräftig auseinander.
- Halten Sie die Spannung etwa 4 Sekunden. Lassen Sie mit dem Ausatmen ruckartig Ihre Hände los und spüren Sie der Entspannung nach.

S Strecken nach »unendlich«
- Kippen Sie den Kopf nach links und legen Sie Ihr linkes Ohr auf die Schulter. Gehen Sie dabei achtsam mit sich um und neigen Sie den Kopf nur so weit, wie es Ihnen gut tut. Strecken Sie Ihren linken Arm nach vorn aus und malen Sie mit ausgestrecktem Zeigefinger eine große liegende Acht.
- Wiederholen Sie die Bewegung 1- bis 2-mal. Nun neigen Sie den Kopf zur rechten Schulter und wiederholen den Bewegungsablauf rechts.

A 9. Station der Genussreise: Farbspiele in jeder Frucht
- Wenden Sie sich der Frucht zu, die Sie sich für das Genießen ausgesucht haben (siehe Seite 83). Nehmen Sie die Details wahr: Wo treffen verschiedene Farben aufeinander und wie vermengen sie sich? Gibt es Muster?

M Entkrampft fortfahren
- Stellen Sie fest »Abstand gewinnen bringt's« oder »Ich habe genug Bewegungsspielraum«.

BRAIN-GYM FÜR EINEN FRISCHEN GEIST

Brain-Gym ist eine Methode, die entwickelt wurde, um Denk- und Lernblockaden aufzulösen. Durch gezielt eingesetzte Bewegungen und Berührungen erfährt Ihr geistiges Potenzial eine Belebung. Hier drei ausgewählte Übungen:

1. ÜBERKREUZBEWEGUNG

Mit dieser Übung können die beiden unterschiedlichen Gehirnhälften aktiviert und die Koordination der Bewegungsabläufe gefördert werden.

› Gehen Sie auf der Stelle und ziehen Sie dabei die Knie ungewohnt hoch. Wenn Ihr rechtes Knie nach oben kommt, berühren Sie es kurz mit dem linken angewinkelten Unterarm. Das linke Knie berührt den rechten Unterarm, das rechte Knie wieder den linken und so weiter. Die Übung etwa 8 Minuten wie beschrieben fortführen.

2. AUGENBRAUENMASSAGE

Da diese Übung die Durchblutung des Stirnbereichs fördert, kann sie helfen, Gedächtnis-Blockaden zu überwinden.

› Legen Sie Ihre Zeige- und Mittelfinger über den Augenbrauen auf die Stirnbeinhöcker und reiben Sie dort sanft kreisend etwa dreimal waagerecht hin und her.

3. DIE FLIESSÜBUNG

Fördert vor allem die Koordination zwischen linker und rechter Gehirnhälfte.

› Spreizen Sie die Finger einer Hand und legen Sie sie auf Ihren Kopf. Heben Sie die Hand etwa 20 cm und senken Sie sie dann wieder, sodass sie die Kopfhaut erneut berührt. Finden Sie in diesem Auf und Ab Ihren Rhythmus.
› Während Sie diese Bewegung beibehalten, legen Sie die andere Hand auf den Bauch und kreisen dort mit der Handfläche im Uhrzeigersinn sanft über den Bauchraum. Nach etwa 15 Sekunden wechseln Sie die Seiten. Wiederholen Sie diese Übung dann noch 1-mal.

Misserfolge meistern

Sie sind frustriert, weil Sie Ihr selbst gestecktes Ziel nicht schnell genug oder nicht vollständig erreicht haben. Sie ärgern sich über sich selbst und die Umstände, die zu diesem Fehlschlag geführt haben. Sie wissen also nur zu gut, warum Ihr Vorhaben schief gelaufen ist. Genau deshalb ist es höchste Zeit, sich für die andere Seite der Wirklichkeit zu öffnen.

B Weiter sehen
- Sagen Sie sich »Ich sehe davon ab, mich zu ärgern«.

A Erleichtert seufzen
- Achten Sie auf den Atem, der Sie durchströmt. Verbinden Sie das Ausatmen mit einem Seufzen oder Stöhnen, in das Sie alle Last, die Sie mit sich herumtragen, legen. Stellen Sie sich vor, wie das Belastende dabei aus Ihrem Körper herausfließt.

L Die Arme öffnen
- Legen Sie Ihre Arme so überkreuzt auf die Brust, dass die Hände jeweils den anderen Oberarm umfassen. Drücken Sie mit den Händen Ihren Oberarm fest zusammen und halten Sie die Spannung in den Armen und im Brustbereich etwa 4 Sekunden.
- Lassen Sie plötzlich ganz locker und öffnen Sie dabei die Arme weit. Denken Sie daran, was Sie bisher zu verkrallt umschlossen haben, und überlegen Sie, wofür Sie sich von nun an öffnen möchten.

S Federndes Armspiel
- Strecken Sie die Arme mit gespreizten Fingern seitlich vom Körper weg. Nun drehen Sie die Handflächen nach oben, sodass die Daumen nach hinten zeigen. Spüren Sie der Dehnung in den Oberarmen nach.
- Die Arme bleiben in der beschriebenen Position, nur federn sie jetzt ganz sanft hoch und runter – als wollten Sie leichte Bälle werfen oder auffangen. Mit dem Federn etwa 7 Sekunden fortfahren.

A 10. Station der Genussreise: feuriges Aufschauen
- Suchen Sie in Ihrer Umgebung etwas, dessen Anblick Sie beruhigt, weil es schlicht und einfach schön und so perfekt ist, dass es nicht mehr verbessert werden muss.
- Machen Sie beispielsweise ein Ritual daraus, eine Kerze anzuzünden, wenn Sie frustriert sind. Lassen Sie die Wärme und die Helligkeit so lange auf sich wirken, bis es etwas in Ihnen bewegt.
- Wenn Sie keine Kerze griffbereit haben, kann schon das Aufflammen eines Streichholzes oder Feuerzeugs zu einem Lichtblick werden.

M Die persönliche Frustbremse auswählen

> Suchen Sie sich einen Satz aus, der zu Ihnen passt und mit dem Sie Ihrer konkreten Frustration sofort etwas entgegensetzen können:

»Umwege erhöhen die Ortskenntnis«
»Ein verloren geglaubter Tag kann gerade den Weg ebnen«
»Nichts ist vergeblich«
»Was passiert ist, darf/kann auch passieren«
»An den Niederlagen werde ich besonders wachsen«
»Fehler sind nichts anderes als ein Danebengreifen, und das lässt sich korrigieren«
»Wenn dir das Leben eine Zitrone gibt, mach Limonade daraus«
»Mit Steinen, die dir in den Weg gelegt werden, kannst du auch was Schönes bauen«
»Erst ein Fehler, den wir nicht korrigieren, ist wirklich ein Fehler«
»Aus dem, was misslungen ist, habe ich schon immer am meisten gelernt«
»Ich habe trotz dieser Pleite viel Gelungenes vorzuweisen«
»Steter Tropfen höhlt den Stein«
»Es müssen sich nicht alle meine Wünsche und Ziele erfüllen«
»Wo sich eine Tür schließt, lässt sich zumindest ein Fenster öffnen«
»Beim nächsten Mal gelingt es mir besser«

LERNEN SIE SICH BESSER KENNEN

INFO

> **Darf es für Sie Frust geben?**

Der einzig sichere Weg, Frust gänzlich zu vermeiden, läge darin, nichts mehr zu erwarten. Doch wer alle Erwartungen aufgibt, schließt mit dem (eigentlichen) Leben ab. Da wir manche Erwartungen nicht aufgeben können und immer Umstände auftreten können, die deren Erfüllung verhindern, gehört Frust einfach zum Leben dazu.

> **Was sind ihre häufigsten Frustfallen?**

Stellen Sie sich häufig vor, dass eine Aufgabe sich vielleicht leichter bewältigen ließe, als es dann tatsächlich der Fall ist? Oder denken Sie, dass Ihr Einfluss größer sei oder Sie mit mehr Unterstützung rechnen können? Wo liegen Ihre persönlichen Frustfallen?

> **Wissen Sie, wie Sie durch Ihren Frust die Chance bekommen können dazuzulernen?**

Wenn etwas nicht klappt, ist es oft nötig, die eigene Perspektive zu erweitern oder etwas aus einem anderen Blickwinkel zu betrachten. Beispielsweise können Sie mehr auf Ihre Begrenztheit achten, die Sie – wie jeder andere Mensch auch – haben. Oder aber Sie verzichten darauf, sich mit anderen zu vergleichen, da Sie nun wissen, dass Sie ein einzigartiger Mensch sind.

Forderungen und Rollenerwartungen

Fühlen Sie sich manchmal auch wie in einer Zwickmühle? Das eine zu tun ist Ihnen wichtig. Gleichzeitig gibt es andere Erwartungen, die ebenfalls berechtigt scheinen. In solchen Fällen ist es immer schwer zu klären, was jetzt Vorrang hat.

B Sich klar abgrenzen

- Haben Sie den Klassiker »Ich will Hammer, nicht Amboss sein« im Hinterkopf, während Sie sich eindringlich sagen »Gegen zu große Erwartungen grenze ich mich ab«.

A Beim Atmen Gutes aufnehmen

- Legen Sie eine Hand auf die Brust, die andere auf den Bauch. Spüren Sie, welche Hand vom Atem stärker bewegt wird.
- Während Sie einatmen, denken Sie »Ich nehme ...«. Beim Ausatmen ergänzen Sie den angefangenen Satz mit »... nur das Gute«. So wie wir beim Atmen alles Unbrauchbare auspusten, können wir auch wählerisch sein, auf welche Erwartungen unserer Mitmenschen wir eingehen.

L Verschränkte Hände lösen

- Verschränken Sie Ihre Finger. Nun strecken Sie Ihre Arme locker nach vorn und drücken mit den Fingerspitzen gegen die Mittelhandknochen, auf denen sie bereits liegen.
- Erhöhen Sie den Druck und halten Sie die Spannung etwa 4 Sekunden.
- Lassen Sie ganz locker. Wie locker sind Ihre Hände jetzt und wie weit breitet sich die Entspannung von dort in Ihrem Körper aus?

S Den Oberarm dehnen

- Nehmen Sie einen Arm gestreckt nach oben, winkeln Sie ihn ab und lassen Sie Ihre Hand locker hinter den Kopf fallen. Ihr Ellbogen zeigt zur Decke, Ihre Hand liegt an der Halswirbelsäule.
- Nun umfassen Sie mit der anderen Hand den Ellbogen von oben und drücken ihn sanft nach unten. Dabei fährt die Hand unter der Kleidung die Wirbelsäule entlang und kann die dort erreichbaren Stellen leicht massieren. Spüren Sie der Dehnung in der Oberarmrückseite nach.
- Die Haltung auflösen, den Arm lockern und die Übung mit dem anderen Arm wiederholen.

A 11. Station der Genussreise: Bilder- und Farbensammlung

- Deponieren Sie an Ihrem Arbeitsplatz Bilder, die Ihnen ein Gefühl von Weite vermitteln. Urlaubsbilder eignen sich dafür ebenso wie Postkarten oder Fotos. Wichtig ist, dass die Bilder etwas in Ihnen berühren.

Forderungen und Rollenerwartungen — PRAXIS

> Betrachten Sie die Fotos immer wieder und nehmen Sie dabei jeweils neue Einzelheiten wahr. So kann etwas vermeintlich Bekanntes zur erstaunlichen Augenweide werden.

> Sehen Sie sich auch ein Foto an, auf dem Sie selbst zu sehen sind. Gut geeignet sind Kinderbilder oder andere Fotos, die Sie in einer entspannten Situation zeigen.

> Während Sie die Bilder betrachten, denken Sie an das Wort »Unbeschwertheit«. Stellen Sie sich dabei vor, wie Sie sich jetzt ein Stück davon wie von einem großen Kuchen nehmen und genießen.

M Entschlossen geht's weiter

> Stellen Sie fest »Was mir wichtig ist, kann ich selbst entscheiden«.

FÜR MEHR DURCHBLICK IM ROLLENCHAOS

Sie haben sich vorgenommen, in Zukunft Ihre Rollenkonflikte besser zu meistern – aber wie kann das funktionieren? Folgende vier Schritte stärken Sie.

> **1. Schritt: Entdecken Sie den Reichtum vieler Rollen**
Nehmen Sie sich kurz Zeit und überlegen Sie sich, welche Rollen Sie im Laufe der letzten Woche eingenommen haben. Am einfachsten geht das, wenn Sie Sätze bilden, die mit »Ich bin ...« beginnen. Nachdem Sie Ihre Rollen in Familie, Beruf, Nachbarschaft und Freundeskreis durchgegangen sind, denken Sie einmal darüber nach, wie reich und vielfältig Ihr Leben eigentlich ist.

> **2. Schritt: Halten Sie zu jeder Rolle etwas Abstand**
Selbst sehr wichtige Aufgaben sind nur für eine bestimmte Zeit bedeutungsvoll. Es gibt noch ein Leben danach und daneben. Mit dieser Einstellung verhindern Sie eine belastende Abhängigkeit, wie sie etwa bei Arbeitssucht vorkommt.

> **3. Schritt: Verzichten Sie darauf, in Konflikten einen Schuldigen zu suchen**
Wenn zwei Rollen miteinander in Widerstreit stehen, sollten Sie Ihre Energie nicht damit verschwenden, einen Schuldigen zu suchen.

> **4. Schritt: Versuchen Sie nicht, es immer allen recht machen zu wollen**
Vergessen Sie, dass Sie jemals allen Erwartungen (einschließlich der eigenen) voll und ganz gerecht werden können. Wenn Sie das anerkennen, können Sie gelassener dafür sorgen, dass Sie keine Ihnen wichtige Seite allzu sehr enttäuschen.

STRESSFALLEN ERKENNEN UND ENTSCHÄRFEN

> Schlag um Schlag ruhiger – spüren Sie Ihrem Pulsschlag nach!

Mit Unterbrechungen klarkommen

Kaum haben Sie sich auf etwas konzentriert, werden Sie schon wieder unterbrochen. Verständlich, dass diese ständigen Stöungen Sie unzufrieden machen, da Sie das Gefühl haben, nichts wirklich geschafft zu haben.

B Klären, was wichtig ist
> Sagen Sie sich »Entspannt sehe ich erst, was jetzt wirklich dran ist«.

A Atmen fernab jeder Hektik
> Achten Sie auf Ihren Atem und gehen Sie auf die Suche nach Ihrem Herzschlag. Beobachten Sie auch die ganz feinen Bewegungen in Ihrem Körper. Fühlen Sie Ihren Puls, indem Sie Zeige- und Mittelfinger auf die Halsschlagader legen.
> Während des Einatmens sagen Sie sich »Mit jedem Atemzug ...« und vervollständigen den Satz beim Ausatmen mit »... werde ich ruhiger«.

L Anpacken und loslassen
> Im Stehen legen Sie beide Hände auf die Tischplatte vor sich. Drücken Sie nun mit Ihrem ganzen Gewicht auf den Tisch, gerade so, als wollten Sie ihn in den Boden drücken. Halten Sie die Spannung etwa 4 Sekunden und lassen dann abrupt los. Spüren Sie nach, wie sich die beanspruchten Körperteile, vielleicht aber auch einige andere, jetzt entspannen.

S Den Rücken stärken
> Stellen Sie sich mit dem Rücken an eine Wand und lehnen Sie sich mit dem gesamten Rücken an. Wenn Sie einen guten Halt gefunden haben, gehen Sie nun langsam nach unten in die Kniebeuge.
> Wenn die Oberschenkel fast waagerecht stehen, gleiten Sie ebenso langsam wieder hoch. Wenn Sie dabei die Kraft aus den Beinen holen, kann sich Ihr Rücken entspannen. Wiederholen Sie die Übung 2-mal.

PRAXIS — Mit Unterbrechungen klarkommen

A 12. Station der Genussreise: Augenbewegungen

Wenn Sie die drei Übungen nacheinander durchlaufen, fördert das Ihre Fähigkeit genauer hinzusehen.

> **Scharfstellung:** Schauen Sie in schnellem Wechsel auf ein möglichst weit entferntes Objekt (am besten sehen Sie dafür aus dem Fenster) und Ihre Hand, die Sie etwa 30 Zentimeter vor Ihrem Gesicht halten. Durch den schnellen Wechsel von Nah und Fern werden Ihre Augenmuskeln wieder in Schwung gebracht.

> **Ruhepunkt für die Augen:** Suchen Sie sich einen Punkt in Ihrer näheren Umgebung – am besten geeignet ist eine farbige Fläche, die Ihnen gefällt. Lassen Sie einige Sekunden Ihre Augen auf dieser Fläche ruhen. In den schnellen Augenbewegungen des Tages können Sie immer wieder zu dieser Fläche zurückkehren und etwas Entspannung für die Augen tanken.

> **Auf beiden Augen sehen:** Schließen Sie die Augen und stellen Sie sich den Raum vor, der zwischen Ihren beiden Augen liegt. Danach öffnen Sie ein Auge, das andere bleibt geschlossen. Sehen Sie sich um. Dann öffnen Sie das geschlossene Auge und schließen das geöffnete. Nehmen Sie war, dass Sie mit jedem Auge einen anderen Blickwinkel haben. Schließlich öffnen Sie beide Augen und blinzeln.

M So viel Autonomie habe ich

> Stellen Sie fest »Ich tanze nur nach meiner Pfeife«.

SICH NICHT ALLES GEFALLEN LASSEN — **WICHTIG !**

Wie reagieren Sie, wenn Sie beispielsweise gerade in ein schwieriges Schriftstück vertieft sind und dabei im Zehn-Minuten-Takt von einem Kollegen, von Familienangehörigen oder dem Telefon gestört werden? Wer allem sofort und gleichzeitig gerecht werden will, erleidet meist Schiffbruch: Sie werden immer unzufriedener, weil Sie mit Ihrer Arbeit nicht vorankommen. Außerdem hören Sie demjenigen, der Sie unterbricht, nicht wirklich zu, weil Sie ja den Faden nicht verlieren wollen. Und das wird Ihr Gegenüber bemerken und darüber nicht gerade glücklich sein. Versuchen Sie, in einem solchen Fall Vereinbarungen zu treffen. Sie könnten vorschlagen »Wenn du mich das noch zwanzig Minuten zu Ende machen lässt, sehen wir uns deine Sache an«. Wenn Sie sich nach 20 Minuten dann auch daran halten, wird diese Regelung sicher gern akzeptiert. Banal, aber wahr: Nur wenn wir zu etwas auch Nein sagen können, ist unser Ja wirklich wertvoll.

> Über den Wolken ... Heben Sie mit BALSAM ab, wenn Sie dem Stau-Frust entfliehen wollen.

Einen Stau gelassen hinnehmen

Sie stehen mit dem Auto im Stau und es tut sich einfach nichts mehr. Das allein geht schon auf die Nerven, doch wenn dann noch die Zeit wegen eines Termins drängt, kann der Stau zur echten Zerreißprobe werden.

B Damit sich in Ihnen nichts staut

> Vielleicht hilft Ihnen ein Erkennungszeichen im Auto, das Ihnen das Signal gibt, nicht im Stau-Stress unterzugehen, sondern sich an BALSAM zu erinnern. Um zu verhindern, dass die emotionale Anspannung noch höher schnellt, wenn die Räder langsamer werden, sagen Sie sich »Abwarten und BALSAM-Tee trinken«.

A Mit den Wolken atmen

> Achten Sie auf Ihren Atem. Ist er ausgeglichen oder bereits überdreht? Sehen Sie zum Himmel hinauf. Wenn dort Wolken ziehen, achten Sie auf deren Bewegungen.

> Können Sie sich vorstellen, auf einer weichen, flaumigen Wolke zu liegen? Sie werden von ihr getragen, sodass Sie schweben und sich alles ganz leicht anfühlt.

> Malen Sie sich aus, wie Sie in die Wolke wie in etwas besonders Weiches hineinfallen. Oder Sie gehen in Ihrer Fantasie auf der Wolke spazieren.

> Einige Bereiche Ihres Körpers sind besonders gut durchlässig für den Atem, in anderen kommt es zu Staus. Wandern Sie mit Ihrer Aufmerksamkeit durch Ihren Körper.

Einen Stau gelassen hinnehmen — PRAXIS

> Lassen Sie den Laut »m« lang gezogen erklingen. Während Sie das »m« tönen, achten Sie darauf, welche Körperteile wie mitschwingen.

L Anpacken und loslassen

> Umfassen Sie das Lenkrad rechts und links und drücken Sie es nach innen zusammen. Halten Sie die Spannung 4 Sekunden und lassen dann abrupt los. Spüren Sie die Entspannung.

> Drücken Sie jetzt mit dem Hinterkopf gegen die Nackenstütze, sodass Ihre Wirbelsäule sich leicht wölbt. Halten Sie die Spannung für 4 Sekunden. Lassen Sie sich nun entspannt in Ihren Autositz fallen. Spüren Sie nach, wie weich und gelöst Sie jetzt sitzen.

S Aus der Hüfte drehen

> Während Sie sitzen oder aus dem Auto steigen, drehen Sie sich in der Hüfte so weit wie möglich nach rechts. Lassen Sie Ihre Schulter der Drehung folgen. Danach gehen Sie in die Ausgangsstellung zurück und drehen sich zur anderen Seite.

A 13. Station der Genussreise: der Klang des Geräuschlosen

> Haben Sie Ihren Genussapfel dabei? Dann reiben Sie doch einmal mit den Fingerkuppen über den gesamten Apfel oder kratzen mit den Fingernägeln über die Schale. Welche Geräusche sind zu hören? Wiederholen Sie das Ganze und hören Sie genau hin.

> Kein Apfel zur Hand? Dann reiben Sie doch einfach Ihre Hände aneinander oder kratzen Sie sich. Welche Klangfarben tauchen dabei auf?

M Kleine Wartephilosophie

> Suchen Sie sich aus den folgenden Sätzen den für Sie passenden heraus:
> »Das Wesentliche ist unaufhaltsam«
> »Für freie Fahrt auf meiner Entspannungsautobahn kann ich sorgen«
> »Geduld macht wirklich stark«
> »Nichts hält mich davon ab, die Gegenwart auszuschöpfen«

TIPP

NOCH MEHR IDEEN FÜR DEN STAU-FRUST

> Legen Sie eine Lieblings-CD oder Kassette in den Rekorder ein.
> Summen oder singen Sie ein Lied, das Ihnen spontan einfällt.
> Überlegen Sie sich, wen Sie schon lange anrufen wollten.
> Wenn Sie nicht allein fahren, überlegen Sie sich, worüber Sie sich gern mit Ihrer Begleitperson unterhalten wollen.
> Vergleichen Sie dazu auch die Warte-Ideen in »Erzwungene Pausen«, siehe Seite 64.

STRESSFALLEN ERKENNEN UND ENTSCHÄRFEN

Wenn die Zeit drückt ...

Ein Vorhaben muss heute abgeschlossen werden. Doch je weiter Sie Ihrem Zeitplan hinterherlaufen, umso nervöser werden Sie und umso weniger geht es voran. Hier Ihr BALSAM-Notfall-Plan.

B Innehalten
› Verschränken Sie die Finger Ihrer Hände und nehmen Sie sie vor die Brust. Nun bewegen Sie beide Arme nach vorn und stellen sich dabei vor, dass Sie den Zeitdruck von sich schieben. Dazu sagen Sie »Moment mal!«.

A Das Atemtempo checken
› Beobachten Sie Ihren Atem, vor allem wie schnell Sie ein- und ausatmen. Stellen Sie sich einen Atem-Tachometer vor, der von 0 (ganz langsam) bis 100 (extrem schnelles Atmen) reicht, und überlegen Sie, wo im Moment der Zeiger stehen würde.
› Ist der Wert sehr hoch, beobachten Sie sich noch eine Weile, denn oft senkt sich eine hohe Atemfrequenz, indem man sich auf den Atem konzentriert.

L Die Zeit im Griff haben
› Umgreifen Sie mit der rechten Hand Ihre Armbanduhr an der linken Hand. Sollten Sie keine Armbanduhr tragen, nehmen Sie eine andere kleine Uhr in die Hand. Greifen Sie immer fester zu und halten Sie die Spannung etwa 5 Sekunden. Lassen Sie locker und spüren Sie der Entspannung nach.
Wichtig: Achten Sie darauf, dass sich Ihre Armbanduhr im Zeitdiktat des Alltags nicht wie eine Handschelle anfühlt.

S Den Rücken stärken
› Im Stehen verschränken Sie Ihre Arme. Greifen Sie dabei mit den Händen nach den Oberarmen. Heben Sie die Arme in dieser Stellung auf Kopfhöhe und legen Sie den Kopf dazwischen. Ziehen Sie Arme und Schultern sanft nach vorn und halten Sie die Position etwa 6 Sekunden. Spüren Sie der Dehnung im oberen Rücken nach.

A 14. Station der Genussreise: Die leisen Töne beachten
› Zählen Sie die Geräusche um sich herum und achten Sie dabei auch auf die ganz leisen und unauffälligen.
› Klopfen Sie mit einem Stift oder einem anderen Gegenstand ganz sacht auf ein Möbelstück. Achten Sie darauf, wie laut das ist und wie es klingt.

M Die Hektik ausbremsen
› Wählen Sie sich Ihre persönliche Lieblingsparole gegen die Hektik:
»In der Ruhe liegt die Kraft«
»Ich nehme mir hetzefrei«
»Habe ich es eilig, mache ich etwas langsamer«

OFT GEFRAGT

> Ich kann nicht verstehen, warum gerade ich immer so schnell unter Zeitdruck gerate und dann so nervös werde?

Wenn Sie einen Zeitabschnitt planen, müssten Sie eigentlich rund 40 Prozent zusätzliche Zeit für Unvorgesehenes einrechnen: Jemand unterbricht Sie mit etwas Dringendem, irgendetwas funktioniert nicht reibungslos und nur Sie können helfen … Da wir so großzügige Pufferzeiten aber meist nicht planen können, ist es kaum verwunderlich, dass es oft so eng wird.

> Es kann doch nicht funktionieren, dass ich bei Hektik auch noch das Arbeitstempo reduzieren soll?

Wer gerne in den Bergen wandert, kennt sicher die Regel, dass uns ein langsames und stetes Gehen weit weniger belastet als hektisch und schnell den Berg hochzulaufen. Denn genau dann sind immer wieder Erholungspausen notwendig, die beim langsamen Gehen kaum erforderlich sind. Das lässt sich auf unser gesamtes Leben übertragen: Wenn wir hochkommen wollen – im Laufe eines Tages, aber auch im Laufe unseres Lebens – geht es nicht selten etwas langsamer besser. Nur indem wir einen Gang »zurückschalten«, schaffen wir die Steigung gut. Es gibt für jede Situation einen grünen Bereich, in dem wir leistungsfähig und schöpferisch sind (siehe dazu auch Seite 29/30). Wenn unser Tempo extrem hoch oder extrem gering ist, sind wir entweder überdreht oder apathisch. Wirklich gut voran kommen wir jedoch nur dann, wenn wir ausgeglichen und damit zufrieden sind.

STRESSFALLEN ERKENNEN UND ENTSCHÄRFEN

In Konflikte versunken

Sie haben mit jemandem Streit. Doch bereits während sich der Konflikt zusammenbraut, merken Sie, wie viel emotionale Energie Sie dabei verpulvern.

B Den Ärger ausbremsen
- Sagen Sie sich »Stop, niemand kann mich zum Ärgern zwingen«.

A Die Ratschläge des Atems
- Während Sie auf den Rhythmus Ihres Atems achten, stellen Sie sich vor, dass ein in Ihnen wohnender Berater an Sie herantritt und seine Hand sanft auf Ihre Schulter legt. Was könnte sein viel sagender Blick ausdrücken?
- Begleiten Sie Ihren Atem mit einer Lautverbindung. Während Sie einatmen, können Sie die fast stimmlose Silbe »Haaaaa« hörbar werden lassen. Beim Ausatmen nehmen Sie die Silbe »tu«. Sie können anstelle von »Ha-tu« auch ein anderes Fantasiewort nehmen, das Ihnen besser gefällt und das zu Ihrem Ein- und Ausatmen passt.
- Oder wollen Sie Ihre Entscheidung, sich nicht unterkriegen zu lassen, unterstreichen? Dann begleiten Sie das Einatmen mit einem lang gezogenen »Naaaaa«, das nur in Ihrem Inneren hörbar sein muss. Beim Ausatmen sprechen Sie ein gedehntes »und«.

L Stampfen Sie sich frei!
- Setzen Sie sich auf einen Stuhl und stampfen Sie in schnellem Rhythmus abwechselnd mit beiden Füßen auf dem Boden auf. Dabei kommt es nicht auf die Lautstärke des Stampfens an.
- Achten Sie darauf, dass sich vor allem in Ihren Oberschenkeln eine Spannung aufbaut. Wenn die Anspannung nicht mehr größer wird, brechen Sie abrupt ab. Stellen Sie sich vor, wie die Spannung aus Ihnen herausfließt. Unterstützen Sie das Gefühl, indem Sie beide Beine ausschütteln.

S Die Reichweite vergrößern
- Setzen Sie sich so, dass Ihre rechte Schulter zum Tisch zeigt. Ihr locker zur Seite ausgestreckter Arm erreicht gerade noch den Tisch.

> **INFO**
>
> **KONFLIKTE ABSTREIFEN**
>
> Auch in Konfliktsituationen tut es gut, den Körper mit den Handflächen auszustreichen und auf diese Weise den Stress loszuwerden. Dafür besonders Nacken, Hals, Schultern, Arme und Beine sanft ausstreichen oder leicht abklopfen (siehe dazu auch Seite 86/87).

In Konflikte versunken — PRAXIS

> Um Arm und Schulter zu dehnen, legen Sie die Hand auf den Tisch. Dabei machen Sie Ihren Arm ganz lang und versuchen, noch einige Zentimeter weiter auf die Tischplatte zu reichen. Geben Sie dabei nicht mit Ihrem Körper nach, sondern holen Sie die Streckung aus der Dehnung der Schulter heraus. Auch die Gelenke Ihres Armes dehnen und öffnen sich dabei.

A 15. Station der Genussreise: den guten Klang wählen

Haben Sie eine Sammlung schöner Geräusche? Wahrscheinlich denken Sie da sofort an Ihre Lieblings-CDs, die Ihre Stimmung recht schnell etwas aufhellen können. Doch welche Möglichkeiten stehen Ihnen im Alltag zur Verfügung?

> Überlegen Sie sich in einer ruhigen Minute, welche Melodie für Sie etwas Entspannendes, Ausgleichendes hat. »Kramen« Sie diese Melodie nun quasi aus Ihrer Erinnerung heraus und summen Sie einige Takte.
> Oder Sie machen andere Geräusche, die für Sie etwas Sanftes verkörpern: Sie können über eine Hautpartie streichen, leicht auf ein Möbelstück klopfen oder mit den Füßen wippen.
> Oder Sie sehen sich ein Bild an und überlegen, welche (vielleicht unscheinbaren) Geräusche Sie mit dem dort abgebildeten Ort verbinden:

»Hören« Sie das Wehen des Windes, das Plätschern des Wassers oder das Lachen des abgebildeten Menschen?

M Schon gelassener

> Ihre negativen Gefühle lösen sich langsam in Luft auf. Zur Unterstützung wählen Sie einen der folgenden Sätze und sprechen ihn aus:
> »Ich stehe klar zu meiner Meinung«
> »Wir sind alle gleich wichtig und wertvoll«
> »Dass ich hier meinen Platz habe, steht fest«
> »Ein wertvoller Mensch bin ich so oder so«
> Welchem dieser Sätze können Sie nicht zustimmen und warum?

OFT GEFRAGT

> Wieso kommt es so häufig zu Konflikten, obwohl doch jeder eigentlich nur harmonische Beziehungen will?

Im Grunde unseres Herzens haben wir Angst, nicht genug Beachtung zu bekommen. Deshalb streiten wir miteinander um die Bedeutung unserer Arbeit und um hundert andere Rangordnungen. Mancher Zwist wird überflüssig, wenn wir eine Tatsache akzeptieren: Niemand kann und muss beweisen, wirklich besser als die anderen zu sein.

INFO

Mürrische Zeitgenossen verkraften

Manchmal lässt es sich einfach nicht vermeiden, dass man von der schlechten Stimmung eines eher mürrisch gestimmten Zeitgenossen etwas abbekommt. Hier die BALSAM-Tipps zum Abgrenzen.

B Auf sich selbst besinnen
- Sagen Sie sich »Ich kann mich ganz auf mich selbst besinnen«.

A Gespannt und trotzdem locker
- Spüren Sie, wie die Luft durch Ihre Nasenlöcher eingesogen wird. Stellen Sie sich einen Gummiring vor. Er passt sich an und hält Dinge zusammen. Doch wenn Sie ständig an ihm zerren, wird er brüchig und unbrauchbar.
- Legen Sie Ihre rechte Handfläche auf den Bereich unterhalb des Brustbeins. Parallel dazu legen Sie den linken Handrücken in gleicher Höhe auf den Rücken. Können Sie den Raum und die Atembewegungen wahrnehmen?

L Die Beine entspannen
- Legen Sie im Sitzen Ihre Hände auf die Oberschenkel. Strecken Sie die Beine aus und ziehen Sie die Fußspitzen zum Körper hin. Erhöhen Sie die Anspannung im gesamten Bein noch etwas, wodurch die Fersen leicht vom Boden abheben können.
- Drücken Sie als Gegengewicht mit den Händen gegen Ihre Oberschenkel. Halten Sie die Spannung 5 Sekunden. Lassen Sie dann ganz locker und spüren Sie der Entspannung nach.

S Die Schulterblätter annähern
- Verschränken Sie im Stehen beide Hände hinter dem Rücken und ziehen Sie die gestreckten Arme nach oben vom Körper weg. Dabei bewegen sich die beiden Schulterblätter nach hinten und das Brustbein schiebt sich etwas nach vorn. Mindestens 3-mal dehnen.

A 16. Station der Genussreise: auf sich selbst hören
- Lauschen Sie, welche Geräusche von Ihnen ausgehen? Wissen Sie bereits, welche Ihrer Geräusche Sie besonders gern mögen?
- Achten Sie auf den Klang Ihrer Stimme, wenn Sie das nächste Mal sprechen. Wie hört sie sich an?
- Was drücken Sie durch Klangfarbe und Tonfall der Stimme aus?
- »Schlüpfen« Sie aus Ihrem Körper und beobachten Sie sich interessiert – und sehen Sie das Ganze als kleines Spiel.

M Den eigenen Weg gehen
- Stellen Sie fest »Niemand kann mir den Tag verderben« beziehungsweise »Wer sich auch dagegenstellt – es ist ein guter Tag«.

FÜNF FRUST-IRRTÜMER

Dass wir schnell mit uns und mit anderen unzufrieden sind, liegt unter anderem daran, dass wir häufig Vorstellungen nachhängen, die uns mehr frustrieren als motivieren. Hier nun fünf wichtige Irrtümer, denen vielleicht auch Sie erlegen sind:

IRRTUM 1: DIE ANDEREN MÜSSEN SICH VERÄNDERN, DAMIT ICH GLÜCKLICH SEIN KANN.

Haben Sie schon einmal überlegt, dass sich Ihr Gegenüber vielleicht gar nicht ändern kann? Außerdem muss der andere sich wehren, wenn Sie fordernd auftreten – schließlich möchte er seine Würde behalten.

IRRTUM 2: NUR EIN BESONDERER MENSCH KANN MIR HELFEN ODER MICH GLÜCKLICH MACHEN.

Der Mythos vom Märchenprinzen stimmt nicht! Mit Menschen, die genauso durchschnittlich wie wir sind, können wir bedeutend mehr anfangen.

IRRTUM 3: ICH STEHE LETZTLICH ALLEIN DA.

Kein Mensch ist eine Insel. Für jeden gibt es andere wichtige Personen – allen Enttäuschungen zum Trotz.

IRRTUM 4: MICH VERSTEHT JA DOCH NIEMAND.

Tatsächlich können wir einander nie ganz verstehen – eine Tatsache, mit der wir leben müssen und die eigentlich logisch ist: Wir füllen Begriffe unterschiedlich, weil jeder von uns andere Erfahrungen mit den Begriffen verbindet. Wenn wir akzeptieren, dass das Einander-Verstehen Grenzen hat, geht es uns schon besser.

IRRTUM 5: ICH WERDE JEMANDEN ENTTÄUSCHEN.

Tragischer als unsere Unzulänglichkeiten sind oft unsere perfektionistischen Ansprüche an den anderen und uns selbst. Entlastung erfahren wir nicht, indem wir keine Fehler mehr machen, sondern indem wir uns unserer Grenzen bewusst werden und zu ihnen stehen.

STRESSFALLEN ERKENNEN UND ENTSCHÄRFEN

Atmen im Gleichklang – lassen Sie Ihren Atem wie das Pendel einer Uhr ruhig und gleichmäßig in sich schwingen.

Wenn das Feedback fehlt

Arbeiten macht dann Spaß, wenn andere mit unseren Resultaten zufrieden sind. Anstrengend wird es, wenn nichts zurückkommt. Plötzlich ist man sich nicht sicher, ob der eingeschlagene Weg der richtige ist. Und schon ist er da, der Killer für das Dahinfließen im Flow.

B Orientierungspunkte suchen
› Sagen Sie sich »Gleich sehe ich klarer«.

A Das Atem-Pingpong-Spiel
› Achten Sie darauf, wie Ihr Atem sich hin- und herbewegt. Denken Sie dabei an das Pendel einer großen Standuhr, das langsam hin- und herschwingt.
› Legen Sie beide Handflächen direkt unter die Schlüsselbeine auf Ihren Oberkörper. Konzentrieren Sie sich auf Ihre Handflächen.

L Die Beine schweben lassen
› Setzen Sie sich und drücken Sie die Knie durch. Heben die gestreckten Beine vom Boden ab. Steigern Sie die Anspannung in den Beinen, wodurch sie noch ein Stückchen nach oben gehen. 5 Sekunden halten.
› Lassen Sie plötzlich locker, sodass die Füße zu Boden fallen. Spüren Sie, wie entspannt sich Ihre Beine anfühlen.

WIE ABHÄNGIG SIND SIE?

Wir fragen uns unser ganzes Leben lang, ob wir wichtig genug sind, da wir den Gedanken, auf andere »mickrig« zu wirken, nicht gut ertragen können. Deshalb werden wir in unserem Selbstwertempfinden nie von den Auffassungen anderer unabhängig sein. Doch die angemessene Dosierung der Abhängigkeit ist der Schlüssel: Wer sein Selbstwertgefühl fast ausschließlich auf die Anerkennung anderer Menschen gründet, wird sich immer zu kurz gekommen fühlen.

S Die Schultern zurücknehmen
- Heben Sie einen Arm nach oben und lassen den Unterarm so hinter den Kopf fallen, dass die Hand oberhalb der Halswirbelsäule liegt.
- Drücken Sie mit den Fingerspitzen der anderen Hand den Ellbogen sanft von vorn nach hinten.
- 3-mal dehnen, dann die Seite wechseln. Achten Sie darauf, beim Dehnen ein- und beim Lockern auszuatmen.

A 17. Station der Genussreise: einfach hineinbeißen

Es ist so weit, jetzt wird in den lange bewunderten Apfel hineingebissen!

- Stellen Sie sich vor, wie aus der kleinen Blüte eine Frucht reifte. Denken Sie an die Sonnenstrahlen, die dieser Apfel getankt hat. Schließen Sie die Augen und stellen Sie sich vor, wie die Lichtstrahlen auch auf Sie fallen.
- Stellen Sie sich vor, wie die Frucht gepflückt wurde, und strecken Sie sich dabei ein wenig. Oder Sie empfinden das Abschütteln der Frucht nach.
- Beobachten Sie, was beim Hineinbeißen geschieht. Wie fühlt sich der erste Kontakt mit der Zunge an (warm, kalt, weich, hart, saftig, süß, sauer ...)? Gibt es Geschmacksschattierungen? Achten Sie darauf, wie Ihre Zähne den Saft aus dem Fruchtfleisch herausdrücken. Wie fühlt es sich an, die Apfelstücke hinunterzuschlucken?

M Mut machen
- Welcher der folgenden Sätze hinterlässt eine Wirkung in Ihnen:
»Ich habe schon gewonnen, wenn ich mein Bestes gegeben habe«
»Ich tue es so, wie es für mich stimmt«
»Das, was ich tun kann, ist viel«
»Ich tue alles, so gut ich kann und will«
»Wir können keine großen Dinge tun. Nur kleine Dinge mit großer Liebe«
»Ich verwirkliche etwas Einzigartiges«

Entspannt und sorgenfrei in den neuen Tag – BALSAM macht das Leben leichter.

Die »Sorgenlawine« am Morgen

Kennen Sie das: Sie kommen beim Aufwachen gerade so zu sich, da werden Sie auch schon von den schlimmsten Sorgen überfallen, die Sie am Abend mühevoll beiseite gedrückt hatten. In diesem Fall benötigen Sie etwas Aufmunterung.

B Platz frei für BALSAM

- Während sich das Sorgenkarussell dreht, können Sie sich sagen »Hoppla, was gibt's denn sonst noch?«
- Streichen Sie mit Ihren beiden Füßen übereinander und spüren Sie, wie angenehm sich das anfühlt.
- Oder Sie streichen mit der großen Zehe des einen Fußes über die Fußsohle des anderen. Vielleicht wollen Sie auch etwas hineinschreiben, etwa ein B für die Balance, mit der Sie heute durch den Tag gehen wollen, oder für die BALSAM-Entspannung.

A Die Mitte suchen

- Atmen Sie aufmerksam und begleiten Sie Ihren Atem, indem Sie sich einen Schmetterling vorstellen, der von Blume zu Blume fliegt.
- »Flattern« Sie mit Ihrer Achtsamkeit durch Ihren Körper. Welchen Bereich würden Sie am ehesten als Mittelpunkt Ihres Körpers ansehen?
- Vielleicht ist es der Bereich unter dem Bauchnabel. Spüren Sie hier dem Atem nach, nachdem Sie eine Hand dort auflegen und die andere parallel dazu auf dem Rücken.

L In guten Händen

- Verschränken Sie die Hände am Hinterkopf. Drücken Sie Ihren Kopf nach hinten und halten Sie mit den Händen 4 Sekunden dagegen.
- Lassen Sie locker und spüren Sie, wie Ihre weichen und vielleicht auch warmen Hände den Hinterkopf berühren. Können Sie sich in Ihren Händen ein Stück weit aufgehoben fühlen?

S Sich rollen und strecken

- Sie liegen im Bett. Beugen Sie die Knie und ziehen sie Ihre Beine sanft zum Körper. Kauern Sie sich zusammen und stellen Sie sich vor, dass Sie ein für das Leben bereites Kind sind.

Die »Sorgenlawine« am Morgen — PRAXIS

> Nun beginnen Sie, sich Körperteil für Körperteil auszubreiten und zu strecken. Drehen Sie Ihren Körper dabei nach Belieben auch zur Seite und achten Sie darauf, wo Sie die Dehnungen verspüren.

A 18. Station der Genussreise: den neuen Tag »anbeißen«

Wahrscheinlich wird es auch heute wieder so einige Dinge geben, die Ihnen vielleicht nicht so ganz »schmecken«, an denen Sie aber nicht wirklich etwas ändern können. Noch ein Grund mehr, den Tag mit der Suche nach etwas Genussvollem, Wohlschmeckendem zu beginnen.

> Sie haben eine Flasche Wasser neben dem Bett stehen? Dann trinken Sie langsam und genüsslich einen Schluck – quasi als kleinen Vorgeschmack für die Erfrischungen, die im Laufe des Tages folgen werden.

M Motiviert aufstehen

> Stellen Sie fest »Ich spüre meiner Lebendigkeit, Kraft und Schönheit nach« oder »Auch Erfreuliches liegt vor mir«.

DIE WEICHEN AUF ENTSPANNUNG STELLEN — WICHTIG

> Am besten setzen Sie gleich nach dem Aufwachen den Sorgen etwas entgegen: Reiben Sie sich zur Einstimmung die Hände und denken Sie daran, welche Ihrer Probleme Sie jetzt von sich weisen wollen.
> Sehen Sie sich Ihre weit geöffneten Handflächen an und überlegen Sie sich, worauf Sie sich heute freuen können. Auch wenn es ein eher »normaler Tag« zu werden scheint, finden Sie sicher etwas, das Ihnen Freude macht.
> Sie können aber auch an eine vor Ihnen liegende Tätigkeit denken, von der Sie wissen, dass Sie gut ablaufen wird. Freuen Sie sich auf das Flow-Erlebnis.
> Wenn Ihnen partout nichts einfällt, sollten Sie sich konkret etwas vornehmen oder planen, auf das Sie sich freuen können.
> Malen Sie sich möglichst plastisch aus, wie gut sich das anfühlen wird. Wie werden Sie sich dabei fühlen? Welche Sinne werden dabei angesprochen?
> Sobald Ihnen etwas eingefallen ist, nutzen Sie den Schwung. Stehen Sie auf und tun Sie damit den ersten Schritt in einen Tag mit vielen erfreulichen Momenten.
> Außerdem sollten Sie gleich daran denken, dass bereits in der ersten halben Stunde Möglichkeiten der Entspannung auf Sie warten (siehe dazu Seite 48 bis 51).
> Überprüfen Sie am Abend, ob Ihre Wünsche Wirklichkeit geworden sind. Wenn etwas nicht wie geplant geklappt hat, sollten Sie einen Ausgleich suchen.

Feierabend: endlich abschalten

Der Arbeitstag hat Sie viel Kraft gekostet. Vielleicht haben Sie auch noch einen anstrengenden Nachhauseweg hinter sich gebracht und sehnen sich jetzt nur nach einem: Ruhe. Doch da sind sie schon, die Anforderungen des Feierabends. Halten Sie mit BALSAM kurz inne, um Luft zu holen und Anspannung abzuschütteln.

B Abend-(Ein)Stimmung
> Sagen Sie sich »Die Arbeit will auch mal in Ruhe gelassen werden«.

A Grenzenlose Ruhe
> Achten Sie auf die Bewegungen Ihres Atems. Stellen Sie sich dabei einen schönen Sonnenuntergang vor.
> Lassen Sie in Ihrer Fantasie einen federleichten Pinsel aufsteigen, der sanft einige Striche an den Himmel malt. Spüren Sie die Luft, die beim Ausatmen aus Ihrer Nase strömt.

L Rundum locker
> Legen Sie die Handflächen vor der Brust zusammen als wollten Sie beten, und drücken Sie die Hände nun mit aller Kraft gegeneinander. Halten Sie die Spannung etwa 5 Sekunden.
> Lassen Sie plötzlich locker. Schütteln Sie Hände und Arme aus. Betrachten Sie die geöffneten Hände und denken Sie an das, was noch vor Ihnen liegt.

S Die Wirbelsäule kräftigen
> Überkreuzen Sie Ihre Füße, indem Sie den rechten vor den linken stellen.

> Den Feierabend bewusst genießen ist eine Kunst, die mit etwas Übung zum Kinderspiel wird.

- Heben Sie beide Arme über den Kopf, verschränken Sie die Finger und drehen die Handflächen nach oben.
- Neigen Sie den Oberkörper nun behutsam nach links und belassen Sie den Kopf dabei in Verlängerung der Wirbelsäule. Gehen Sie so weit in die Dehnung, wie es für Sie angenehm ist.
- Wiederholen Sie die Übung 1-mal.

A 19. Station der Genussreise: den Feierabend auskosten

Jetzt haben Sie endlich Zeit, die Vielfalt Ihres Geschmackssinns zu feiern. Nehmen Sie zum Abendessen einzelne Schlucke und Bisse mit voller Aufmerksamkeit wahr und entdecken Sie so vielleicht neue Geschmacksnuancen.

- Nehmen Sie sich Zeit und gehen Sie alle Stationen Ihrer Genussreise noch einmal nacheinander durch. Legen Sie sich dafür einige Kostproben bereit, um die Palette der unterschiedlichen Sinneswahrnehmungen zu erweitern.
- Lassen Sie sich noch einmal unendlich viel Zeit, einen Apfel mit allen Sinnen kennen zu lernen. Ihr Verhältnis zu Äpfeln wird sich wahrscheinlich verändern. Und Sie werden lernen, auch von kleinen Häppchen mehr zu haben.

M Das Ziel ist erreicht
- Stellen Sie fest »Ich bin in der Entspannung angekommen«.

ABSCHLIESSEN UND ANKOMMEN

! WICHTIG

Wer sich am Abend nur schwer von seiner Arbeit lösen kann, sollte auf eines dieser Rituale zurückgreifen:
- Schließen Sie nach getaner Arbeit die Tür Ihres Arbeitszimmers ganz bewusst.
- Wenn Sie Ihr Büro oder eine Tür abschließen, stecken Sie den Schlüssel in dem Bewusstsein weg, dass Sie diese Verpflichtung für heute hinter sich lassen.
- Wenn Sie auf Ihrem Weg nach Hause an der frischen Luft gehen, sollte das eine Art »Abschiednehmen« sein.
- Zu Hause angekommen können Sie sich mit Muße Gesicht und Hände mit erfrischendem Wasser waschen und sich damit quasi von der Arbeit reinigen.
- Wenn es Ihnen gut tut, legen Sie Ihre Armbanduhr ab und genießen das Leben ohne Zeitdruck.
- Besonders gut hilft es, sich zu Hause umzuziehen: Denken Sie beim Ablegen der Kleidungsstücke daran, was Sie auch innerlich ablegen möchten und was Sie in der restlichen Zeit des Tages bestimmen soll.
- Gehen Sie durch Ihre Wohnung und freuen Sie sich an den Dingen, die Sie besitzen. Überlegen Sie zu einigen Stücken, wie Sie sie erworben haben und woran sie Sie erinnern.

Sanft ins Reich der Träume

Sicher kennen Sie diese Situation: Kaum kommen Sie äußerlich zur Ruhe, machen sich in Ihrem Kopf auch schon bisher erfolgreich verdrängte Sorgen breit. Doch gerade jetzt, wenn Sie ins Bett gehen und Ihren Gedanken eine Ruhepause gönnen möchten, ist der denkbar schlechteste Zeitpunkt, sich ihnen hinzugeben.

B In der Stille andocken
- Sagen Sie sich »Nur noch eins ist nötig: loslassen«.

A Die letzte Tür passieren
- Während Sie auf Ihren Ein- und Ausatem achten, betrachten Sie die nächstgelegene Tür und denken daran, wie viele Türen Sie heute im Laufe dieses Tages schon durchschritten haben. Machen Sie sich nun einmal klar, wie viele Ihrer Probleme und Nöte Sie bei jedem Gang bereits hinter sich lassen konnten!
- Legen Sie eine Hand auf den Bauch. Fühlt er sich weich und warm an? Nehmen Sie wahr, wie etwas ganz ohne Ihr Zutun Ihre Bauchdecke auf und ab bewegt – Ihr Atem.

! WICHTIG

LETZTE GRÜBELEIEN VERTREIBEN

Kaum liegen Sie im Bett, fangen die Grübeleien auch schon wieder an. Was können Sie noch dagegen tun, da Sie ja schon das BALSAM-Programm durchlaufen haben?
- Stehen Sie aus dem Bett auf und gehen Sie noch einmal in einen anderen Raum. Dort verabschieden Sie sich mit einer Geste bis morgen von diesem Problem.
- Manchmal hilft es auch, die ungelösten Probleme noch einmal niederzuschreiben. Beschränken Sie sich dabei aber auf Stichpunkte.
- Während Sie in Ihren Schlafraum gehen, machen Sie sich bewusst, dass Sie jetzt in die Freiheit der Nacht unterwegs sind. Legen Sie eine Grenze fest, hinter der die sorgenvollen Gedanken zurückbleiben. Dafür eignet sich die Schlafzimmertür, die Sie nun langsam, bewusst und mit Entschlossenheit schließen.
- Wenn Sie dann im Bett liegen und die Sache Sie wieder beschäftigen sollte, erinnern Sie sich daran, wo Sie das Problem zurückgelassen haben.
- Wenn Sie befürchten, dass Ihnen ein wertvoller Gedanke verloren geht, sagen Sie sich »Alles wirklich Wichtige fällt mir morgen wieder ein«.

L Die Hände fallen lassen
> Spannen Sie für 4 Sekunden möglichst viele Muskeln in einer Hand an.
> Lassen Sie die Anspannung abrupt los, sodass die Hand locker nach unten fällt. Spüren Sie dem Nachschwingen und der Lockerung nach.

S Noch einmal dehnen um loszulassen
> Stellen Sie sich bei geöffneter Tür in den Türrahmen Ihres Schlafzimmers. Strecken Sie die Arme nach hinten und fassen Sie mit den beiden Händen rechts und links den Türrahmen.
> Gehen Sie etwas nach vorn, sodass Sie in der Brustmuskulatur einen leichten Zug verspüren.
> Auf Ihrem Weg zum Bett gleiten Sie barfuß mit der ganzen Fläche Ihrer Fußsohlen über den Boden – gerade so, also hätten Sie Schlittschuhe an den Füßen und würden übers spiegelnde Eis gleiten.

A 20. Station der Genussreise: sich selbst schmecken
Hier endet die Genussreise. Unseren Körper können wir nicht schmecken. So meinen Sie vielleicht. Weit gefehlt, denn wir sind durchaus nicht »geschmacklos«.

> Streichen Sie mit der Zunge über Ihre Lippen, vielleicht auch über Ihre Hand. Denken Sie an Genüsse, die Sie heute erleben durften, und schmecken Sie die verschiedenen Nuancen in Ihrer Fantasie noch einmal nach.

M Was jetzt noch festzustellen ist
> Stellen Sie fest »Für heute kann alles so bleiben«. Wiederholen Sie den Satz und lassen Sie die Worte nachklingen.

WENN NICHTS HILFT: LOCKER BLEIBEN

Wenn Sie trotz aller Übungen nicht zur Ruhe kommen, dann gibt es wahrscheinlich ein Problem, das Sie jetzt noch nicht loslassen können oder vielleicht auch gar nicht loslassen wollen. In diesem Fall sollten Sie nicht dagegen ankämpfen. Akzeptieren Sie, dass das Ungelöste diesen Raum in Ihrem Denken einnimmt. Und keine Sorge: Die besonders wichtigen Tiefschlafphasen (die auch bei Langschläfern nur etwa fünf Stunden andauern), holt sich Ihr Körper schon selbst.

WICHTIG

Zum Nachschlagen

Bücher, die weiterhelfen

› **Brooks, Charles V. W.:** *Erleben durch die Sinne;* Junfermann Verlag, Paderborn

› **Csikszentmihalyi, Prof. Mihaly:** *Das Flow-Erlebnis. Jenseits von Angst und Langeweile im Tun aufgehen;* Klett-Cotta Verlag, Stuttgart

› **Konnerth, Tania:** *Ich freue mich an jedem Tag;* Herder Verlag, Freiburg

› **Melgosa, Dr. Julian:** *Endlich Aufatmen. Wege zur Stressbewältigung;* Advent Verlag, Zürich

› **Middendorf, Ilse:** *Der erfahrbare Atem. Mit 2 CDs;* Junfermann Verlag, Paderborn

› **Pfennighaus, Dr. Dietmar:** *Schick den Stress in die Wüste – ein biblisches Entspannungsprogramm;* R. Brockhaus Verlag, Witten

› **Wilson, Paul:** *Das große Buch der Ruhe. Mit Gelassenheit durchs Leben;* Heyne Verlag, München

Bücher aus dem GRÄFE UND UNZER VERLAG, München

› **Gensler, Petra:** *Kinesiologie.* Buch mit Übungs-CD

› **Grasberger, Dr. med. Delia:** *Autogenes Training.* Buch mit Übungs-CD

› **Hainbuch, Dr. Friedrich:** *Muskelentspannung nach Jacobson.* Buch mit Übungs-CD

› **Langen, Prof. Dr. med. Dietrich:** *Autogenes Training*

› **Regelin, Petra:** *Stretching. Die besten Übungsprogramme für elastische Muskeln und einen schönen Body*

› **Schmauderer, Achim:** *Wirbelsäulengymnastik.* Buch mit Übungs-CD

› **Schmid-Bode, Dr. med. Wilhelm:** *4 Stresstypen und vier Wege zur Gelassenheit*

› **Seiwert, Prof. Lothar:** *Don't hurry, be happy. In 5 Schritten zum Lebenskünstler*

Adressen und Seminare, die weiterhelfen

› **Fachgruppe Entspannungsverfahren im Berufsverband Deutscher Psychologinnen und Psychologen (BDP) e. V.**

Semmelweisstraße 10, D-50767 Köln
www.entspannungsverfahren.com

› **GKM Institut für Gesundheitspsychologie**

Liebigstraße 31a, D-35037 Marburg
www.gkm-institut.de

Ein (Kurz-)Seminar kann die BALSAM-Entspannung noch einfacher machen. Informationen zu unterschiedlich strukturierten Veranstaltungen mit dem Autor Dr. Dietmar Pfennighaus erhalten Sie bei:

› **IBOA (Initiative Brennen ohne auszubrennen)**

Cyriaxstraße 16, D-35043 Marburg
Tel. 06421/3400691, Fax: 06421/3400693
www.iboa.de, E-Mail: info@iboa.de

SERVICE

Register

Sachregister

A
Anspannungs-Tachometer 29, 30, 98
Atemübungen 18

B
BALSAM-Bausteine 16, 43
 Atmen 16, 17
 Aufschauen 16, 21
 Besinnung 16, 17
 Lockern 16, 19
 Motiviert fortfahren 16, 22
 Strecken 16, 20
BALSAM-Erste-Hilfe-Programm 79
BALSAM-Fahrplan 31, 32
BALSAM-Genussregeln 22, 80, 81
BALSAM-Tagesablauf 32
BALSAM-Tempo 31
BALSAM-Umsetzung 31
BALSAM-Werkzeuge 24
Baukastensystem 27

D
Dauerstress 10
Dehninstinkt 20
Denkmuster 23
Disstress 9, 10

E/F
Einstiegsrituale 17
Einstiegsset 36
Endorphine 18
Entspannungsnischen 17
Entspannungspool 80
Erlebnis-Lernen 26
Erschöpfung 27
Eustress 8, 9
Flow 8, 9, 25, 26
Flow-Erfahrungen 9

G
Genusserfahrung 22
Glückshormone 18
Glücksstimulation 25
Grundelemente 28
 Wasser 28
 Luft 28
 Feuer 28
 Erde 28

J/K
Jacobson, Edmund 19
Körpersignale 21
Kraftquellen 28

L/N
Leistungsdruck 10, 27
Lernen, effektives 25
Lern-Erfahrungen 26
Lerntheorie 25
Neubewertungen 23

P
Parasympathisches Nervensystem 18, 83
Progressive Muskelentspannung 19

R
Reizüberflutung 12
Ressourcen 28

S
Solarplexus 18
Sorgenbrecher, erprobte 99
Stress 8, 9, 10
Stressabbau 18
Stressbewältigung 44
Stresserkrankungen 10
Stressfallen 24, 30, 79, 98
Stress-Grunderfahrungen 11
Stress-Kategorien 14
Stressrisiken 10

BALSAM-Tests & Tipps

BALSAM-Prototyp 38
Entspannungsfixpunkte 44
Wahrnehmungsschwerpunkt ermitteln 37
Wie abhängig sind Sie? 117

Abschließen & ankommen 121
Augenbrauenmassage 101
Ballast abwerfen 87
Bewegung, positive Aspekte 83
Brain-Gym 101
Das alternative Nickerchen 67
Den Stress abstreifen 57
Den Stresspegel senken 59
Die Weichen auf Entspannung stellen 119
Durchblick im Rollenchaos 105
Eine Tätigkeit nach der anderen erledigen 84
Fantasiereise 76
Fließübung 101
Fußmassage, kleine 50
Gedankenspiele fürs Warten 63
Genießen im Hier und Jetzt 90
Grübeleien vertreiben 122
Ideen für den Staufrust 109
Individualität ist gefragt 94
Jede Chance nutzen 93
Lange Arbeitsphasen 54
Locker bleiben 123
Persönliche Ziele ermitteln 82
Positive Eindrücke sammeln 52
Richtig Sitzen 65
Sich besser kennen lernen 103
Sich nicht alles gefallen lassen 106
Übergänge sinnvoll nutzen 61
Überkreuzbewegung 101
Wege aus dem Grübeln 97
Wie genussbereit sind Sie? 88
Wohlfühlschwerpunkt 75

Impressum

© 2004 GRÄFE UND UNZER VERLAG GmbH, München

Alle Rechte vorbehalten. Nachdruck, auch auszugsweise, sowie Verbreitung durch Film, Funk, Fernsehen und Internet, durch fotomechanische Wiedergabe, Tonträger und Datenverarbeitungssysteme jeder Art nur mit schriftlicher Genehmigung des Verlages.

Wichtiger Hinweis

Die Gedanken, Methoden und Anregungen in diesem Buch stellen die Erfahrungen bzw. die Meinung des Verfassers dar. Sie wurden von ihm nach bestem Wissen erstellt und mit größtmöglicher Sorgfalt geprüft. Sie bieten jedoch keinen Ersatz für kompetenten medizinischen Rat. Jede Leserin, jeder Leser ist für das eigene Tun und Lassen selbst verantwortlich. Weder Autor noch Verlag können für eventuelle Nachteile oder Schäden, die aus den im Buch gegebenen praktischen Hinweisen resultieren, eine Haftung übernehmen.

ISBN 3-7742-6046-X

Auflage	5.	4.	3.	2.	1.
Jahr	2008	07	06	05	04

Ein Unternehmen der
GANSKE VERLAGSGRUPPE

Programmleitung:
Ulrich Ehrlenspiel

Redaktion:
Silvia Herzog

Lektorat:
idee & text, Gabriele Heßmann

Fotos:
Corbis: S. 29 re. Jump: U1, S. 2 li., 28 li., 34, 56, 75, 91, 101, 118. Getty: S. 123. GU: U2/S. 1 (A. Hoernisch); 3 li., 4, 8, 11, 13, 48, 95, 120 (M. Jahreiß); 6, 98, U3 li. (C. Dahl); 2 re., 18, 24, 47 (B. Büchner); 20, 85, 89 (M. Wagenhan); 26 (J. Rickers); 32 (M. Weber); 40, 50, 55, 78, 106 (T. Roch). Plainpicture: S. 62. Mauritius: S. 3 re., 36, 42, 59, 60, 66, 70, 76, 80, 86, 108, 111, 116, U3 re. Zefa: S. 16, 28 re., 29 li., 38, 68, 92, 97, 128.

Layout und Umschlag:
independent Medien-Design
(Claudia Fillmann,
Sabine Krohberger,
Claudia Hautkappe)

Herstellung:
Petra Roth

Satz:
Dorothee Griesbeck,
Die Buchmacher, München

Lithos:
Repro Ludwig, Zell am See

Druck:
Appl, Wemding

Bindung:
Sellier, Freising

DAS ORIGINAL MIT GARANTIE

Ihre Meinung ist uns wichtig. Deshalb möchten wir Ihre Kritik, gerne aber auch Ihr Lob erfahren. Um als führender Ratgeberverlag für Sie noch besser zu werden. Darum: Schreiben Sie uns! Wir freuen uns auf Ihre Post und wünschen Ihnen viel Spaß mit Ihrem GU-Ratgeber.

Unsere Garantie: Sollte ein GU-Ratgeber einmal einen Fehler enthalten, schicken Sie uns das Buch mit einem kleinen Hinweis und der Quittung innerhalb von sechs Monaten nach dem Kauf zurück. Wir tauschen Ihnen den GU-Ratgeber gegen einen anderen zum gleichen oder zu einem ähnlichen Thema um.

GRÄFE UND UNZER VERLAG
Redaktion Körper & Seele
Postfach 86 03 25
81630 München
Fax: 089/41981-113
E-Mail: leserservice@
graefe-und-unzer.de

Die **GU-Homepage** finden Sie unter **www.gu-online.de**

Umwelthinweis

Dieses Buch wurde auf chlorfrei gebleichtem Papier gedruckt. Um Rohstoffe zu sparen, haben wir auf Folienverpackung verzichtet.

GU RATGEBER GESUNDHEIT
Expertenrat zu aktuellen Gesundheitsthemen

ISBN
3-7742-6428-7
128 Seiten | € 12,90 [D]

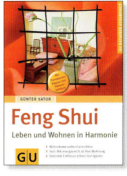

ISBN
3-7742-6429-5
128 Seiten | € 12,90 [D]

ISBN
3-7742-6646-8
128 Seiten | € 12,90 [D]

ISBN
3-7742-6431-7
128 Seiten | € 12,90 [D]

Mit diesen Büchern macht es Spaß, sich auf ganz natürliche Weise gesund zu erhalten. Konkret und praxisnah, mit hilfreichen Tipps, exakten Anleitungen und wirkungsvollen Kurzprogrammen.

WEITERE LIEFERBARE TITEL:

- ➤ Laborwerte – klar und verständlich
- ➤ Osteopathie – Schmerzfrei durch sanfte Berührungen
- ➤ Der Weg zum Superhirn – Schlauer, schneller, kreativer

Gutgemacht. Gutgelaunt.

Das Wichtigste auf einen Blick

B A L S A M

DEN STRESS IN LUFT AUFLÖSEN

Die sechs Buchstaben stehen für die Übungsbausteine Besinnung, Atmen, Lockern, Strecken, Aufschauen und Motiviert fortfahren. Mit diesen Bausteinen finden Sie Ihren Weg aus der täglichen Stress-Tretmühle: ohne großen zeitlichen Aufwand, ohne besondere Ausrüstung und vor allem ohne jeden Druck.

ZIELSTREBIG UND DOCH LOCKER

Mit BALSAM unterwerfen Sie sich keinen strengen Regeln oder Vorgaben: Sie können sich in Ihrem persönlichen Tempo mit den Übungen vertraut machen und sie sich individuell zusammenstellen. Damit BALSAM nicht im Sande verläuft, erstellen Sie Ihren individuellen Entspannungsplan für die ersten acht Wochen. Danach ist BALSAM bereits Teil Ihres Lebens geworden – eines Lebens, das nun stressfreier und gelassener abläuft.

AUF DIE PLÄTZE ...

Entspannung erlebt jeder von uns anders. Finden Sie deshalb mithilfe von Tests zuerst einmal heraus, was Sie besonders genießen können und wo Ihre Stärken und Stressfallen im Tagesablauf liegen. So können Sie die Übungen auf sich abstimmen und genau das auswählen, was zu Ihnen passt